元華文創

有償借款功成身退？
從日本鐵三角看對中經濟外交

Retire after Successful ODA Loans?

Analysis of Japan's Economic Diplomacy to China from the Perspective of Japan's Iron Triangle

了解日本政官財鐵三角如何影響其對外政策的關鍵解析，
橫跨歷史變化關鍵節點，
中日關係研究中，難得兼顧質性訪談與計量分析之專著。

龔祥生——著

本書經學術審查通過出版

謝　辭

　　本書初稿為本人東亞研究所博士畢業論文，經過校正並依據口試委員意見重新調整內容和補充之版本，並為更完整檢證日本結束對中國有償日圓借款的各種學說，特別商請曾偉峯博士協助完成第五章的計量分析部分，在此感謝他對本書的貢獻。還要感謝《國家發展研究》和《東亞研究》兩本學術期刊，可以同意作者將部分曾發表的文章內容收納進入本書。但若沒有二位學術審查委員的寶貴意見，以及下述的這些親朋好友和碩彥先進，我是不可能獨自完成博士學業和本書，僅能在此透過寥寥數語表達心中的無限感激。

　　首先要感謝我的指導老師邱坤玄教授，從碩士論文到博士論文都是在邱老師的指導下完成，並且介紹我到東京大學進行訪問研究，那七個月期間的訪談成為這本論文最重要的論證依據，若不是有邱老師，這些都不可能完成。再來是東亞所的各位師長，從碩班到博班期間，魏艾老師、關向光老師、李英明老師、趙春山老師、耿曙老師幾位的授課，讓我得以打下中國研究的基礎知識，希望學生未來的表現能不辜負幾位老師的期待。

　　還要感謝在東京大學東洋文化研究所期間的二位指導教授，田中明彥教授和松田康博教授二位的細心指導，讓我能夠在陌生的國度中，找到指引研究和資料蒐集方向的貴人，希望有機會能夠再次回到東大進行訪問研究。

　　另外，尚須感謝錄取我進入國防安全研究院任職的林正義老師以

及林成蔚二位前後任執行長在工作和研究上的指導，使我得以在穩定的工作環境中完成本書的改寫。

　　最後要感謝我最親愛的家人，家是最好的避風港，經歷許多風風雨雨後，我的母親仍然把家照顧得很好，讓我和弟弟都能平安健康的長大，感謝我的母親一直以來的照顧。最後要感謝我的太太于庭，一路鼓勵我完成學業和找到工作，以及在種種艱難時刻的陪伴。

2023 年 3 月於林口

目　次

表　次

圖　次

摘　要

　　日本的經濟外交政策屬於外交政策的一環，但也由於其牽涉到使用經濟手段而有了特殊性，亦即必須在國際格局之外，兼顧國內政治經濟的環境變動因素，因此本文試圖從日本的國內政經聯盟變化，尤其是政黨、官僚、財界等所組成之鐵三角及民間社會因素的開放性多元互動，去探討其對外經濟外交政策演變之影響。本文從比較政治經濟途徑切入具體的研究個案，以日本對中國之有償日圓借款於 1979 年開始至 2005 年決議結束這兩個時間點觀察，突顯出經濟外交政策乃受到國內政經環境的影響，而「國家」以外的「社會」因素又如何能夠在這兩個時間點，藉由各種和政黨或官僚之聯盟關係影響政策之演變。本文透過質量化方法研究發現，國際因素會內部化進入日本特有的政官財鐵三角模式中，當鐵三角政經聯盟的主要行動者間有足夠之共同利益時，將會尋求結盟但不打破鐵三角的方式產出有利的政策結果，而對中有償借款之結束，恰是財界角色的誘因從開始的強力運作到後來轉為逐漸淡出，再加上民意相對於開始時產生的巨大反差，使得在這兩個時間點有著截然不同的政策產出結果，亦即該政策的變化被「利益」和「民意」兩項決定性因素所交叉影響著。

關鍵詞：比較政治經濟、經濟外交、日本政官財鐵三角模式、對中
　　　　有償借款

第一章　緒論

第一節　研究動機與目的

一、研究動機

　　本研究選擇日本對於中國的經濟外交政策演變為標的，其原因及重要性可從該政策歷史背景和日本這國家做為研究本體等兩方面來探討。首先，本研究議題的歷史背景因素來看，由於日本是二次世界大戰的戰敗國，戰後被美國軍事接管，並被迫在外交上追隨美國的意志，再由憲法學家們創建了一套和平憲法，當中的第九條明訂放棄了對外的戰爭權，也從此奠定了一定時間內日本無法具備正常的政治和軍事外交的處境，因此「經濟外交」成為日本尋求突破困境的主要管道。從經濟復甦後的 1950 年代起，以對緬甸的戰爭賠償為起點，逐步增加其金額和適用範圍，從二戰的受害國到建立非洲的邦交國，使其被賦予了更多的政治意涵，並受到日本國內不同時期的政治經濟需要而有所變動。[1]

　　「經濟外交」對於戰後的日本對外政策有其歷史意義上的重要性，而本文將範圍限縮在 1972 到 2005 年的日本對中國的「經濟協力」（此為日文用語，具有建立外交關係和經濟援助的雙重含意，本

---

[1]　　金熙德，日美基軸與經濟外交：日本外交的轉型（北京：中國社會科學出版社，1999），頁 30~37。

文此後翻做「**經濟合作**」）上，是因為觀察日本戰後的經濟外交作
為，認為當中最具有指標意義的就是二戰時日本最主要的進犯對象
──中國，也是戰後最接近日本的大國，兩者既有歷史文化上的交
流，亦有二戰歷史問題的恩怨，更有經濟利益上的互賴，因此使得彼
此間千絲萬縷的關係，在戰後藉由 1972 日中關係正常化和隨之而來
的各項「對中經濟合作」進入了新的階段，而日本國內的政治、經濟
團體在雙方關係正常化的過程中，皆發揮了積極的作用，並且在之後
的二十多年內造就了此政策的持續和變動，讓這個議題具有觀察日本
內部政經聯盟影響對外政策的代表性。而研究範圍從中日兩國關係正
常化起，至 2005 年為止，乃是因為自 1979 年起所實行對中國的政府
開發援助（Office Development Assistance, ODA），當中占絕大多數
比例之有償日圓貸款的部分，在該年被宣布將於 2008 年正式終止，
不再進行新的貸款計畫，[2]因此這一重大的轉折也成為過往「經濟合
作（協力）」形式的終結，並預示了日中經濟外交下個新階段的來
臨。這兩樣兼具政治和經濟意涵的事件，正適於用來分析對外政策的
國內基礎，並從中觀察國內政治經濟聯盟如何運作和影響對外政策。

　　本研究選定日本作為研究標的之動機在於，首先從研究主體選擇
的重要性而言，日本於東亞區域中所具有舉足輕重的政治經濟角色，
無論是 1980 年代「雁行理論」中帶動亞洲經濟起飛的領頭地位，或
者從近年來美日安保範圍擴大後所增加的維持區域穩定責任增加，甚
至從中日台三者互動的歷史脈絡來看，都足以證明日本具有作為一個
東亞區域中主要行為體的研究必要性。但要特別說明的是，本研究將
焦點集中在其對中國的經濟外交行為上，是為了從個案上證明日本國

2　　日本外務省，**外交青書2007**，頁29~30，<http://www.mofa.go.jp/mofaj/gaiko/bluebook/ 2007/pdf/>。

內政經聯盟對其外交決策的影響力，且這樣的聯盟和影響方式又隨著
世界經濟的大環境變動而會有所變動。因此，若要從資料的豐富性，
以及歷史脈絡進入門檻的難易度而言，1972 年日中關係正常化以來
的雙邊外交互動是值得觀察的，以地緣政治上處在中日之間的台灣來
說，此研究標的具豐富區域研究價值。

二、研究目的

　　本文從政治經濟學的角度界定國家與社會，探討日本國家社會的
關係模式（如政官財鐵三角）如何影響個別國內政治經濟聯盟的組
成，並導致對外政策的變化，在這過程當中的國際政治或是外部經濟
等影響，將設定為內化在聯盟內的行動者之中，亦即國際因素國內化
或稱外部因素內部化，並以日本對中國的經濟外交為案例進行實證研
究，故以研究目的而言，本文試圖對下列問題作出回答。

1. 日本不同時期的主要利益變化，如何造就了不同形式的政治經濟
   聯盟，使得由政界、官僚、財界所組成的政治決策鐵三角內的權
   力分配產生了何種相應的傾斜？為何學界對鐵三角運作的模式存
   在分歧的看法？
2. 日本對中國的經濟外交策略的制訂到執行的過程中，有哪些行為
   體牽涉在其中？如何被政治經濟聯盟的變化所影響而產生改變並
   反映在有償日圓借款？
3. 質化和量化途徑在日本對外政策的研究上，是否有對話空間？何
   種途徑較適當或是二者屬於互補關係？

　　為解釋上述之研究問題，故本文將先藉由文獻回顧建立起日本政
官財鐵三角模式，探討各行動者的角色和互動方式，並以政治經濟聯

盟的角度分析，在日本對於中國經濟合作的外交政策產出過程中，鐵三角的行動者之間將是如何結盟與互動，最後對照日本對中有償日圓借款的個案加以檢驗。

第二節　文獻探討與評析

日本對中經濟外交一直以來都是日中關係研究的重要課題，因此相關文獻非常豐富，本文承繼前人之研究成果的同時，必須點出目前既有之文獻停留在歷史脈絡分析者多，結合學術理論者少，即使有建立起因果關係，但並未嚴格區分層次解釋和政治經濟之間的互動因素，因而不能令人滿意，茲將相關既有文獻整理如下。

一、日本國家社會關係與政官財鐵三角政治決策模式相關文獻

與原本 Theodore Lowi 提出由國會委員會、行政部門、利益團體三者所組成的鐵三角模式不同，[3]日本的「政官財鐵三角模式」乃是由政黨、官僚、財界等政治和經濟界的行動者所組成，但是此鐵三角模式近期在日本比較政治學界內的討論中，也呈現了兩大不同的面向，尤其是在財界角色的定義，關係到此鐵三角模式究竟偏向多元主義下的開放性互動模式，或者是相對封閉性的少數菁英決策模式的兩種不同意義，故本文不認為應該堅持著鐵三角模式的固有封閉性，而應試圖去納入多元開放性以增加對於實際案例的解釋能力，尤其以本

---

[3]　　Theodore J. Lowi, *The End of Liberalism, 2nd ed.*(New York: Norton, 1979), pp. 50~51.

文命題的案例來看，隨歷史時期演變，更該加入「民意」作為更廣大社會基礎的反映，而不只限於財界，以下文獻也可證明日本特殊的鐵三角對 Lowi 的原型有明顯修正。

　　首先從封閉性的決策模式來看鐵三角模式，從 1955 年到 1993 年為止，日本長期處在自民黨一黨獨大的 1955 年體制（或稱「五五年體制」）之下，因此執政的自民黨在戰後以來因美軍占領所保持的保守氣氛下，藉由外在的美國影響和對內結合政治、經濟界的保守勢力，使其能夠持續保持對於政權的控制，讓自民黨能夠鞏固自身的執政基礎，[4]並利用長期執政地位，建構起橫跨立法和行政部門的統治能力。這類的研究成果顯示出鐵三角模式的權力集中現象，並強調少數的政治菁英對於政府決策的控制能力，但又可細分為官僚主導或者政黨主導兩個面向，前者強調日本官僚的專業能力和特殊的歷史因素，造就了官僚在鐵三角模式中的主導地位，並且在戰後日本經濟重建的道路上，官僚的「行政指導」被認為是今日本經濟得以快速復興的關鍵因素，例如在產業轉型等現代化工業的建設工程、勞資協調等議題上，[5]官僚都發揮了主導性的角色地位，因此在政策決定過程中，官僚有著先天的優勢和連結政黨和財界的特殊地位，並且在過程中依照「自身利益最大化」的理性偏好行動，[6]使得各部門的官僚相互競逐資源。而在政黨主導面向上，由於自民黨是長期壟斷政權的執政黨，一方面可以透過黨的內部機制（自民黨政務調查會和總務會）

---

[4]　宮坂正行，**政府・自民黨・財界**（東京：三一書房，1970），頁5~11。

[5]　包霞琴，臧志軍主編，**變革中的日本政治與外交**（北京：時事出版社，2004），頁122~140；T. J. Pampel, "Japanese Foreign Economic Policy: the Domestic Bases for International Behavior," in Peter J. Katzenstein ed., *Between Power and Plenty~Foreign Economic Policies of Advanced Industrial States* (Madison: The University of Wisconsin Press, 1978), pp. 147~157.

[6]　井掘利宏、土居丈朗，**日本政治の経済分析**（東京：木鐸社，2006），頁69~70。

先行對於政府預算案進行控制，確保政府政策符合黨意，[7]另一方面相對於其他政黨，對於政治菁英的甄補有更長遠的規劃，並對於特定國會委員會的資深議員特別培養，成為可以顧及黨意志和專業能力的「族議員」，讓政黨得以有效的控制各部會官僚，從行政、立法兩方面對於專業文官無論在專業上和權力控制上有所保證，例如農林水產族、建設族、郵政族等資深的族議員對於特定的政策領域有強大的影響能力，也會以此為自身選區或特定部門謀求利益。[8]作為封閉型鐵三角菁英的一員，財界亦有其得以進入頂層決策的條件，從財閥於二戰時作為支持日本進行戰爭的重要支柱，到戰後被迫解散重組而成的財界，[9]一直掌握國家經濟命脈的他們，從沒有被排除出重大的決策過，而且財界內的財團彼此之間的上下、水平交叉持股和各種聯誼性集會，使得財界成員的能夠保持團結一致的立場，[10]並且在各種正式和非正式的管道中，仍持續對於政策發揮重大的影響力，甚至能影響政局更迭，[11]有著高過社會上其他團體的設定議程能力。

再從開放多元的模式而言，主要由國家社會關係著手，因鐵三角扣除掉政黨和官僚之外，剩下的第三角被社會上利益團體所取代，該利益團體是多元主義模式下欲對於政策進行影響的各種公民團體，主要可以分為部門利益團體（如經團連、鋼鐵聯盟、醫師公會等）、政策受益團體（如教育團體、地方團體等）、價值推進團體（如工會、消費者團體、市民團體等）三類，在這樣的模式下，依照議題的不

---

[7]　村松岐夫，政官スクラム型リーダーシップの崩壊（東京：東洋經濟新報社，2010），頁21~22。

[8]　森本哲郎編，現代日本の政治と政策（京都：法律文化社，2006），頁76~77。

[9]　降旗節雄，日本経済の構造と分析（東京：社會評論社，1993），頁96~97。

[10]　蔡增家，誰統治日本？經濟轉型之非正式制度分析（台北：巨流，2007），頁198~203。

[11]　古賀純一郎，経団連——日本を動かす財界シンクタク（東京：新朝社，2000），頁181。

同，各類型的利益團體會有不同的影響能力和行動誘因等強度差距。[12]所以多元開放性的鐵三角模式是依照議題的不同決定第三角的行動者為何，財界被認為是這樣的利益團體「之一」，可以歸類在上述的部門利益團體之中，因為經濟界往往在工業部門、金融業部門等重要的議題上必須依靠和政府的互動以維持利益，但在許多市民團體（尤其是價值推進團體）出現後，他們夾帶民意和社會價值的訴求有時會和財界有所衝突，或者是某些專家團體（如醫師公會）具有更充足的專業知識可以對於特定議題有更高的影響力等等，因此使得財界地位有所動搖，1980 年代後的許多日本實證研究紛紛肯定這樣多元競爭的趨勢。[13]

　　國內學者認為，無論是封閉型內的政黨主導或官僚主導，或者是開放型的政策議題取向式多元競爭，都在各主要研究行動者的角色界定上有其侷限之處，[14]故本文在應用上，採取較為靈活彈性的方式處理鐵三角模式，並不排除在各時期內的行動者可能有內部的分裂，而各時期的鐵三角模式也都必須考量國內社會民意因素的制約，而不只是從三者互動去推論政策的產出原因。

　　綜上所述，關於研究日本國家社會關係以及政策決定聯盟的相關文獻，相對較少處理對外政策過程，原因是對外政策中的非國家行為

---

[12] 伊藤光利、田中愛治、真渕勝，**政治過程論**（東京：有斐閣，2000），頁186~187。

[13] 例如松本圭一，「日本の政策課題と政策構成」，日本政治學會編，**政策科学と政治学(年報政治学1983)**（東京：岩波書店，1984），頁198~206；加藤淳子，「政策知識と政官関係──1980年代の公的年金制度改革,医療保険制度改革,税制改革をめぐって」，日本政治学会編，**日本政治学会年報政治学(1995)**（東京：岩波書店，1996），頁121~122；岩井奉信、曾根泰教，「政治過程議會役割」，日本政治学会編，**日本政治学会年報政治学(1987)**（東京：岩波書店，1988），頁162~165；伊藤光利、田中愛治、真渕勝，**政治過程論**，頁187~188。

[14] 吳明上，「日本政治過程的主導者：官僚、政黨及政治人物之間的競爭或合作？」，**問題與研究**，第47卷第3期（民國97年9月），頁66~69。

者不如其他民生或國內政治議題重要，因為其他議題都會在日本國內
直接形成利害關係，非營利團體或私人企業往往直接受到該政策影
響，也使得相對在進行對外政策研究時，非國家行為者的聲音較不被
重視或難以測量。但本研究認為非國家行為者即使在對外政策的過程
中不具備決策能力，仍不應從研究分析的場域中缺席，甚至以本文之
個案來說，在日本對於中國實施 ODA 的起始點就發揮了關鍵性的作
用，因此本研究將從豐富國家社會關係的貢獻上，找到理解日本對外
政策的產出過程的另一視角。

二、開啟中日經濟合作之分析文獻

在 1972 年日中關係正常化之前，先以民間經貿關係積極推動兩
國在政治關係的日本經濟團體是首批從中得到實質利益的行動者，從
Saadia M. Pekkanen、李恩民、馮昭奎、林昶等人的研究指出，1970
年代是中日經貿關係的重大轉捩點，由於日中關係受到中美關係破冰
的刺激而加速了雙邊關係正常化的完成[15]，首先在政界方面，是 1971
年 10 月日中友好協會直接以「恢復日中邦交國民會議代表團」的名
義訪問中國，接著 1972 年 3 月日本社會黨、公民黨、日本工會評議
會聯合召開了「實現日中復交國民大會」，自民黨五大派閥之一的三
木派首領三木武夫更親自訪中，承認中國所提的「中日復交三原
則」，強力批評當時佐藤榮作內閣的對中國政策；財界方面則先在
1971 年 9 月由大阪商工會議所會長佐伯勇為團長，關西經濟聯合會
副會長為副團長所率領關西五大經濟團體的「日本關係經濟界代表

---

[15]　1971年4月中美展開乒乓球外交、1971年7月美國國務卿季辛吉秘密訪中。

團」訪華，後有東京電力會長木川田一隆、新日本製鐵會長永野重雄、富士銀行會長岩佐凱實和日本精工社長金里廣巳等身兼財界四團體重要幹部的關東財界代表團訪華，[16]表現出財界四團體也對於改善日中關係的積極性。在經濟方面，中日之間政治上的和解也使得日本官方有辦法回應民間經貿團體多年來的要求，推動正式的經貿往來，於是在 1974 年第一次由中日官方簽訂了正式的「中日貿易協定」，賦予對方最惠國待遇並奠定了往後的貿易發展方向，當然在這當中雙方各有盤算，中國方面想要獲得日本的先進工業科技，日本方面則是在歷經 1973 年二次石油衝擊後，找到了又近又便宜的能源來源，並看好中國廣大的未開發市場，[17]促使雙方完成了先政治後經濟的破冰過程。在 1974 年的貿易協定之後，陸續簽署了許多具體的配套條款，例如航空、海運、漁業、商標等保護條約，至 1978 年又進一步簽訂了「中日長期貿易協定」和「中日和平友好條約」，當時雙方的貿易總額從中日建交初期的十億美元，至 1970 年代末時已激增至六十億美元，[18]足足成長了將近六倍之多。

故從以上研究 1970 年代中日雙方政經關係破冰過程的文獻中，可以看到在日本方面有許多重要的國內行為體是值得特別關注的，例如在財界中包括了前述的民間貿易促進團體，以及在中日建交後力促日本官方完成與中國能源合作的日本國際石油株式會社與中國石油輸入協議會兩大日本能源團體，而此時在政界方面也有在政經聯盟上值得研究的目標，如完成破冰的田中角榮首相和其所領導的自民黨金權

[16] 徐之先主編，日中關係三十年（上海：時事出版社，2002），頁16~18。

[17] Saadia M. Pekkanen, *Japan's Aggressive Legalism: Law and Foreign Trade Politics Beyond the WTO* (California: Stanford University Press, 2008), pp. 131~133.

[18] 馮昭奎、林昶著，日中關係報告（北京：時事出版社，2007），頁161~162。

政治所發揮的決策轉向角色。而在成功推動日中關係正常化之後的種種貿易合作，當然是有利於長期扮演幕後推手的那些利益團體，因此可以初步推估，民間利益團體在日中關係正常化前即有自己的經濟利益考量，並因為在當時的經濟發展需要下，必須對於中日貿易關係進行積極的推動，最後終於在日中關係正常化後得到了各項的貿易協定的政策回報。

三、結束對中日圓貸款之分析文獻

2000 年時，日本外務省曾委託三菱總合研究所對該年為止的對中國日圓借款展開最全面性的計量研究調查，藉以評估經過二十年的整體 ODA 到底對於中國產生了多大的實質效益，該報告書名為「對中 ODA 的效果調查」，報告中提到 ODA 占中國 GDP 的比例至 1994年為最高，達到了 0.29％，到了 1999 年，對中 ODA 占了中國政府債款的 14％之多，而在經濟上的貢獻亦即有成效，至 1999 年為止，大幅提升了當時中國的最主要的經濟發電機二級產業的 GDP，其提升比例最高達到了 1.4%的水準。[19]可見包含日圓借款在內的對中ODA 當時歷經二十年的耕耘後，的確對於中國的經濟成果做出了實質貢獻。但對於日方為何做出結束對中日圓有償借款的決定，目前已有許多的研究成果，可以大致歸納整理成以下二類主要論點：

（一）政治解釋

這種論述方式，考慮的因素較為複雜，大致包括了日中關係、日

---

[19]　日本外務省經濟協力局評価室，「対中ODAの效果調查」，<http://www.mofa.go.jp/mofaj/gaiko/oda /shiryo/hyouka/kunibetu/gai/china/koka/index.html>

本民眾的中國印象、日本國內政治氣氛、中國軍事威脅等因素。日本決定開始對中 ODA 的政治解釋文獻，主要是從 1978 年中日友好和平條約簽訂以來，日中關係隨著重新建立起正式的外交關係後，必須要有更進一步使雙方互利互惠的物質基礎作為實質內容，並且在中國放棄要求日方賠款的前提下，藉此彌補中國在二戰時期由日本入侵所造成的損失，[20]故說 ODA 的開始提供有著政治情感上的考量，一點也不為過，但造成日方逐步討論廢止對中國有償借款的原因，也是基於以下政治情感的考量而來。

民族主義論：有許多文獻認為自 1990 年代到 2005 年正式宣布停止對中日圓借款的這段期間最值得關注，自 1990 年代中期 1993、94 年中國進行核武試爆和 1995 年釣魚台燈塔設置爭議等事件的發生，標示著中日兩國進入「政冷經熱」的時期，到了 2001 年小泉上任總理之後連續五年參拜靖國神社，更是使日中關係陷入了低點，此時期的特色是政治上高層互動、互訪極為冷淡，但經貿關係卻增長迅猛。[21]此時期中日雙方政治緊張的持續升高，並有部分意見認為中國和日本民眾的民族對立情緒，在影響結束對中國借款的輿論意見上，產生了一定的影響力，例如 2004 年在中國舉辦亞洲盃決賽時，中國群眾對日本代表隊的種種民族仇恨情緒性語言充斥了整個賽場，也造成日方民眾在觀看直播比賽的同時目擊反日的言詞和標語，這反映在隔年所公布的對中親近程度，該年的親近度為實施此調以來的最低點，僅有 32.4% 的日本民眾對於中國感到親近；另一方面拒買日本貨物、砸毀日本商店的狀況也在中日歷史爭議發生時不斷發生，可見中

---

[20]　徐承元，**日本の經濟外交と中國**（東京：慶應義塾大學出版社，2004），頁61。

[21]　劉江永，**中國與日本：變化中的「政冷經熱」關係**（北京：人民出版社，2007），頁2~19；金熙德，**21世紀初的日本政治與外交**，頁213~220。

國民眾的反日民族情緒也造成了日本民眾的情緒反彈。因此即使雙方
的官方有共同的外交利益目標，但面對雙方民間的民族情緒反應也不
得不加以慎重考慮，尤其這樣的民族情緒迅速和日本政壇中的右派保
守勢力相結合，對於中國的一切政策要求重新檢討的聲浪也在政界持
續發酵，「中國不感謝日本的 ODA」所以不必持續對中 ODA 的聲音
也被放大，[22]使得民族主義論成為影響官方決定 ODA 政策的重要論
點。

　　軍事威脅論：中國在 1995、96 年連續兩年的核子試爆，造成日
本在內的亞洲國家直接而深刻的不安，使得日方決定凍結 ODA 當中
的無償資金援助，[23]這種情緒也可以從大眾媒體的輿論反映出來，草
野厚的研究就發現日本媒體進入 1980 年代就對於日本對外 ODA 政
策有更嚴格的批判傾向，要求檢討 ODA 的效果、應該考量日本財政
惡化而消減預算以及關心地球環境等三種主要呼聲持續不斷，而且在
中國、印度、巴基斯坦等國相繼進行核子試驗時，有大量媒體呼籲日
本政府應該注意那些在發展大規模毀滅性武器的開發中國家，以新
ODA 大綱檢討對這種國家的援助是否允當，[24]以當時的媒體輿論氣
氛來說，的確引起了社會的普遍關注和反思。加上後來中日之間的東
海油氣田爭議和釣魚台主權爭議，使得中國持續增加海監船、調查
船、軍艦演習在東海區域的活動頻率和力道，連帶影響了日本主權和
海上通道安全，但已經開始讓日本方面檢討一直以來對中國的各種經

---

[22]　雷慧英、卓凌，「日本對華援助（ODA）政策調整的原因分析」，**東北亞論壇**，第十五卷第六期，2006年11月，頁80~81。
[23]　小此木正夫、小島朋之編著，**東アジア危機の構図**（東京，東洋経済新報社，1997），頁27~28。
[24]　草野厚，「ODAとマスコミ」，外交政策決定要因研究會編，**日本の外交政策決定要因**（東京：PHP研究所，1999），頁424~425。

濟援助是否間接被轉利用在軍事用途上，[25]故有學者認為中國的軍事威脅包含了幾個不同的層面意義，包含了其一是軍事預算的增加和不透明，其二是在不放棄武力犯台的前提下，造成對東亞區域的安全信心建立不足，其三就是共軍的武器裝備現代化和擁有核武，等於具備了動搖地區安全的硬實力，[26]這讓日方開始認真檢討持續有償借款的必要性。

故從政治解釋而言，從開始對中 ODA 到決定結束 ODA 中最主要的有償日圓借款，最主要的兩項因素在於民意變化和中國軍事威脅，但相關的文獻大多用列舉的方式，將可能影響到 ODA 政策的這幾項非經濟因素點出，但未能進一步說明何者較為重要，或者各因素透過怎樣的機制進入到決策的「模式」當中，對該政策變化造成影響，例如関山健的著作，[27]將對中日圓借款的開始到結束的各時期背景都做了詳盡的敘述，包含了政治人物、經濟考量、民間意見、國際氛圍等詳盡記載，但缺乏各時期關鍵因素的界定，也無有系統的行為者互動模式建立，所以本文試圖朝能夠貫通政治和經濟解釋的方向，建立起具備關鍵因素的新解釋模型。

（二）經濟解釋

回顧最初拍版定案對中 ODA 的大平內閣時期，當時為了替外匯存底不足的中國提供貿易協定擔保，因此在 1978 年日中經濟協會會長稻山嘉寬訪中時的建議下，由中國政府向日本申請日圓借款，[28]所

25　張茂森，「中借貸擴武 日不當凱子」，自由電子報，2005年3月18日，<http://www.liberty time s.com.tw/2005/new/mar/18/today~p2.htm>

26　天兒慧編著，中国は脅威か（東京，勁草書房，1997），頁71~72。

27　関山健，日中の経済関係はこう変わった（東京：高文研，2008）。

28　岡田實，日中関係とODA──対中ODAをめぐる政治外交史入門（東京：日本僑報社，

以當初最直接的提供貸款原因就是經濟性質的，並且是由民間作為主
要的推動力量，向雙方政府進行遊說和呼籲。但隨著兩國之間的經濟
消長逐漸逆轉，就造成日本一方國家和社會兩方面的以下種種擔憂和
疑慮。

　　經濟威脅論：Robert Taylor 認為由於改革開放二十年後，中國的
經濟發展迅猛起飛，到 1990 年代已經不再是當初需要受到援助的工
業落後國家，甚至有逐漸在經濟規模是追趕上日本的趨勢，而且由於
過去種種援助計畫和貿易協定，使得許多技術移往了中國，使日本也
很難繼續保持工業技術的領先地位，且在 1992 年統計當時，有 53%
的對中貸款仍用在加強中國的交通基礎建設上，[29]顯示這二十年來已
大大加強了中國做為世界工廠的生產潛力，並厚實了其轉型成為現代
工業國家的基礎建設能力。相對於中國的經濟實例增長，反觀日本自
身，Naoto Yoshikawa 也認為日本 1990 年代歷經了十年衰退期，使日
本納稅人開始質疑每年大量花費的 ODA 資金究竟是否有其必要？且
有許多受援助國家反映國內的許多和環境污染有關的工程項目，其資
金來源竟是來自於 ODA 的援助計畫，這些對於日本經濟的擔憂以及
只重視經濟而忽略環境的反思，都直接或間接導致來自民間輿論的壓
力產生。[30]

　　功成身退論：這是在國際協力事業團召開的「中國國別援助研
究會」中，由官僚、執行機構和學者專家討論提出，認為應終止有償

2008），頁124；田中明彥，日中関係1945~1990（東京：東京大學出版会，1991），頁110。

[29] Robert Taylor, *Greater China and Japan: Prospects for an economic partnership in East Asia*(New York: Routledge, 1996)pp. 59~64.

[30] Naoto Yoshikawa, "Japan's ODA and National Security," in Hiroshi Itoh ed., *The Impact of Globalization on Japan's Public Policy: How the Government is Reshaping Japan's Role in the World*(New York: The Edwin Mellen Press. 2008), pp. 75~76.

日圓借款的理由在於，當初對中貸款的原有任務已經完成，不論是在基礎建設或者技術協助上都已經成功促進中國的向上提升，故當初提供貸款的原因業已消失。[31]另一方面，最初兩國的經貿關係隨著 1972 年關係正常化而往來互動增加，但是中國方面卻因為本身資金不足，而未能保證履行貿易協定內容，在 1978 年當時兩國貿易協定中需要 37 億美金的外匯儲備，但當時的中國只有 20 億美元左右，這點讓以經團聯為首的財界十分擔憂，雖然鄧小平在 1978 年 8 月會見日中友好議員聯盟會長浜野清吾、國際貿易促進會長藤山愛一郎、日中友好協會顧問岡崎嘉平太等三人時，曾當面提出希望獲得日本的生產管理技術等技術協力，但並未提到資金協力，因此於翌月日中經濟協會會長稻山嘉寬訪中時，稻山力勸中國方面能認真考慮利用日本的海外經濟協力基金，[32]以確保貿易協定的各項計畫支出的資金無虞，後來也在大平內閣的支持下，順利展開了包括有償借款在內的對中 ODA 政策。但隨著之後雙方貿易和投資往來不斷深化，雙方資本積累和資金流動的數額也急遽擴大，這使得有償借款的資金效果被稀釋，其最初作為擔保雙邊貿易合作的性質也不復存在，[33]故這派論者認為沒有必要持續有償借款，小泉前首相也在任內的 ASEAN 領袖高峰會上直言：「中國已經邁向經濟發展成熟，這難道不是已經進入讓中國畢業的時期了嗎？」。[34]也就是說，日本認為對中國的有償借款在中國經濟崛起之後已經到了功成身退的時候，因此沒有繼續此政策的必要性。

---

[31] 加茂具樹，「対中経済協力」，家近亮子、松田康博、段瑞聰編著，岐路に立つ日中関係——過去との対話・未来への摸索，頁248~252。

[32] 岡田實，日中関係とODA——対中ODAをめぐる政治外交史入門（東京：日本僑報社，2008），頁124。

[33] 田中明彦，日中関係1945~1990（東京：東京大學出版会，1991），頁110。

[34] 岡田實，日中関係とODA—対中ODAをめぐる政治外交史入門，頁180~181。

　　從以上關於經濟解釋的既有研究成果來看，對於有償借款的開始和結束，這些文獻都提供了此政策在雙邊經濟發展上的必要性，但可惜未能和政治因素做有效的連結，或者說未能從經濟考量的動機上，建立起具備政治和經濟解釋性的綜合性模式，因此本文從比較政治經濟學的角度切入，試圖透過第四章的背景模式建立和比較，提出動態性的分析解釋。

　　最後從研究途徑來看上述文獻，研究開啟對中國有償借款之研究文獻，大多採取歷史文獻回顧的途徑，力求還原當時所身處的歷史背景，包括找出關鍵的決策人物、決定時機和制約整個環境的國內外情勢，採取理論模式解釋者則多半是由冷戰外交政策研究的角度切入，從對共產陣營圍堵政策的突破口來看到日中關係正常化，乃至發展出實質經濟援助關係的一系列升溫變化；而研究結束對中日圓借款的各文獻顯示出較為多元的研究取向，例如政治解釋當中就包含了國家中心論或社會中心論的觀點，而經濟解釋當中也包含了計量經濟途徑和政治經濟學途徑等研究取向，因此本文認為，最適當的研究途徑必須能夠包含最多優點和面相，故選擇政治經濟學途徑並同時輔以質量化的研究方法，企圖用最完整研究取向關照到本研究議題的各個重要面向，下節將詳細介紹此研究途徑以及其優點和侷限之處。

四、「國家─社會」政治經濟分析途徑

　　政治經濟學分析途徑往往會碰上國家與社會行為者的界定以及如何聯盟等問題，因此這類文獻對於本文釐清政策過程內的各行為者有莫大的幫助，茲整理政治社會學、政治經濟學當中的國家社會關係並分析如下：

（一）定義國家與社會角色

在觀念上，必須先釐清所謂「國家」和「社會」的區別，國家雖然是行政、法律和政治機構的集合體，享有領土內合法的暴力壟斷權和主權，因此在國際關係研究用來代表國際體系中的單一行為體，但從政治經濟學的角度來說，國家這一組織實體必須被包含在社會這一更大的實體當中，即便長久以來國家居於當中的核心地位，但社會當中的非國家權威一直都與之並存著，甚至當中的強大經濟實體正在逐步分食國家的權威。[35]而政治社會學關心的是權威或權力的運作，如何藉由社會安排或制度運行，這也是政治社會學家研究社會或政治世界主導模式的基礎元素，他們還注重制度、社會網絡、文化等面向如何表現出代表特定社會和國家的建立和實踐方式，[36]尤其是對於公民社會中的行為者如何對政治造成影響深感興趣，例如研究家庭背景和媒體對於社會大眾政治態度的相關研究就屬於這一類的實證研究議題，相關成果包括高薪家庭兒童擁有較多資源接受良好教育，使得兒童容易和雙親具有相同政治屬性，但因為政治制度隨時間演變，使得大眾媒體越來越具影響力，較無政黨取向的年輕人更容易受到大眾媒體的影響，而越來越多的人從網際網路取得資訊，連帶使得網路成為新興的媒體和表達政治立場的平台。[37]而國家與社會對於國家社會學的角度來說，「國家」代表了既定領土內唯一合法壟斷暴力的人類共同體，而「社會」則是政治過程中，在國家內的不同團體進行權力分

---

[35] Joseph M. Grieco, G. John Ikenberry, *State Power and World Markets: the International Political Economy* (New York: Norton Company, 2003), pp. 95~97.

[36] Anthony M. Orum, John G.Dale著，周維萱、張瀞文、匡思聖、周維倫、鍾文博、黃馨慧、陳偉杰、莊旻達、王上維、謝易達、閔宇經、陳宜亨、劉哲豪合譯，**政治社會學：當代世界的權力和參與**（台北：巨流圖書股份有限公司，2012），頁1~9。

[37] 同上註，頁396~397。

配抗爭，這些代表社會的團體主要有地位（身分）團體（status group）、政治團體、企業團體等，[38]彼此接近政策手段和影響力因不同國家的社會結構和制度安排而有所不同。

若綜合了國家和社會兩方面，藉由 G. William Domhoff 分析美國統治階層的權力菁英概念，可以發現權力菁英乃是由企業共同體（大銀行、大企業、同業公會）和政策網絡（政黨、官僚、專家智庫）中的上層階級成員所組成，每個成員可能同時兼具企業身分和政策網絡成員身分，例如從政的企業家；也可能緊緊參與決策但並非政界菁英，例如學者專家，[39]因此能夠決定及影響政策的乃是分布在社會不同位置的權力菁英。而對外經濟政策同時也受制社會中統治性聯盟，國家的對外經濟政策的戰略，也受到提供政策手段的政策網絡所制約，不同國家的國家社會關係因歷史、制度而使得國家和社會的分化程度有所不同，造就國內政經聯盟具有不同的特色，使得各國面對共同的問題時，所能產出的對外政策手段有所差異。[40]因此，從國家社會的角度而言，若排除社會因素將無法獲得完整的研究成果。

Susan Strange 亦認為不能滿足於國際關係傳統（以新現實主義為代表）中以國家為中心的分析方式，並指出在國家權威逐步衰落的今日，必須深入探討國內政治中的非國家權威角色，因為國家的權威已日益流散到其他機構和組織，以及地方或地區的實體上。[41]因此，她進一步假設，能夠決定政治產出的權力是由市場中的交易的人們所

---

[38]　同上註，頁60~63。

[39]　G. William Domhoff, *Who Rules America: Power and Politics-5th ed.*(New York: McGraw-Hill Companies, 2006), pp. 103~107.

[40]　Nikolaos Zahariadis, *Theory, Case, and Method in Comparative Politics*(Florida: Harcourt Brace College Publishers, 1997), pp. 113~115.

[41]　Susan Strange , *The Retreat of the State: The Diffusion of Power in the World Economy*, pp. 3~5.

無意識、自主的行使著，社會上和經濟交易過程中的權威是由國家以外的機構在合法運用，並且已經漸漸被那些受制於他的人們所慷慨的接受並加以應用。[42]從她的假設之中，可知國家和非國家行為者的權力分配正在改變當中，這趨勢乃是從國家流向社會中其他非國家行為者的漸進過程，而這些非國家的行為者可以是非政府組織（NGOs）、大型跨國公司等等各種不同的單位。

1960 年代後政治經濟學研究的典範，也開始從國家和社會的區隔加以延伸，於是就產生了「國家中心」（state-dominated）和「社會中心」（society-centered）兩種極端不同的理論觀點，其各自代表了對於國家和社會角色的強調，而從互相的批評當中，可以對照出兩者觀點的歧異。社會中心論者從三個方面批評國家中心主義，首先是自由多元主義者（liberal pluralist）所發出的批評，其學術傳統延續自 Robert Dahl 所界定的政治系統，認為政治行為者被社會壓力所限制，且政治過程本身是在利益團體和組織間的協商中成形的。[43]其次，政治菁英（power elite）論者認為，國家是在商業和政治菁英的利益一致性的政治過程中運作，亦即國家並非單一的宰制個體，他們提出的模型可見於「軍工複合體」（Military-Industrial-Complex）的論述當中。[44]第三，工具馬克思主義者（instrumental Marxism）是從馬克思主義出發，滲透進入國際關係領域中，認為國家僅具有階級的工具性，國家本身不是控制中心，而僅是統治階級的管理委員會。

---

[42] Ibid., pp. 12~15.

[43] 可參考Robert Dahl, *Who Governs: Democracy and power in an American City* (New Haven, CT: Yale University Press, 1961).

[44] 可參考Steven Rosen, ed., *Testing the Theory of the Military-Industrial-Complex* (Lexington, MA: Heath, 1973).

另一方面，國家中心論者則是認為在概念上，國家的角色足以抵抗社會其他力量，以獲取達成自身目標所需的權力，國家中心論者主要從兩個方面論證這樣的國家自主性（state autonomy），第一，國家主義者（statists）宣稱國家的國內力量來源，乃起因於在無政府國際體系中的生存需要，他們強調國家的核心地位不同於社會其他角色，尤其是在對外政策的領域上，國家角色更不像其他領域般受到社會限制。[45]第二，結構馬克思主義者（structural Marxism）與工具馬克思主義者不同，認為國家本身不再是統治階級的代理人，並具有相當程度的國家自主性，但這是為了維持長遠的資本主義存續，包括了資本主義秩序、政治和文化脈絡。[46]所以在強調國家自主性的同時，這兩者分別從國際因素和國內階級兩方面做出了佐證，藉以反駁社會中心論者的觀點。

然而，以政治經濟途徑分析國內結構時，該國內結構往往是涵蓋了國家的政治制度、社會結構和連結兩者的政策網絡等三個重要的面向，因此若要界定一個國家的國內結構，就必須要分別從這三者的清楚界定起始，藉由這三個面向所交叉呈現出來的該國內結構特徵，來掌握研究目標的現狀模型，尤其在做某政策實證研究時，更需要由此來建立問題的背景。依循 Thomas Risse-Kappen 等人所建立起的模型標準，分別將國內結構的國家、社會、政策網絡等面向界定為以下三點：[47]

---

[45]　可參考Stephen Krasner, *Defending the National Interest: Raw Materials Investment and US Foreign Policy* (Princeton, NJ: Princeton University Press, 1978); Michael Banks and Martin Shaw, eds., *State and Society in International Relation*(New York: Harvester, Wheatsheaf, 1991).

[46]　可參考Nicos Poulantzas, *Political Power and Social Classes* (London: New Left Books, 1973).

[47]　Thomas Risse-Kappen, ed., "Bringing Transnational Relations Back In: Non-State Actors, Domestic Structure and International Institutions", *Domestic Structure and International Institutions* (Cambridge:

I.　國家結構（state structure）：集權或分散

II.　社會結構（societal structure）：弱或強

III.　政策網絡（policy networks）：合意制或分裂化

第一點的評估標準是從一個國家的政治制度觀察，需特別指出的是，上述所欲分辨集權式國家與否，是要看其在政治制度和文化上，被認為能將行政權力集中於政治系統頂端，且往往可獨立於立法部門約束外行動的國家政府，方可稱之為權力集中。因為政治制度乃是國家結構的決定性因素，例如政府如何控制立法過程就呈現了行政立法間的關係，採取總統制或內閣制、聯邦制或中央集權式等的不同政府組成制度，也會造成不同的國家結構特性，進而決定政治過程以及牽涉在其中的行為者的理性選擇。

第二點的重點在於市民社會的需求結構，這點可以從宗教、意識型態或階級的分裂程度來理解，因為這些落差在不同國家內的程度相異，會對於國家內部的團結造成影響，過於分裂的社會將導致不同族群的人難以相互信任，並造成對立。而用來評斷該強社會與否的標準為：相對而言較小的階級或意識型態鴻溝，而市民社會的政治化得以使他們容易被社會組織（例如：產業界、勞工、宗教團體）所動員，為了政治目的而集體行動。

第三點所提的「政策網絡」牽涉到國家和社會間如何連結，並且持續調整聯盟的建立過程的問題。而該標準中所謂的合意制政體（consensual polities）代表其具有強力的中介組織（如政黨），可以在重視妥協的政治文化中操作，匯聚社會需求並引導其進入政治過程；而多元政體（polarized polities）則強調其分散的內部議價過

Cambridge University Press, 1995), pp.20~23.

程，以及其如何造成決策的阻礙。

（二）國家與社會關係的綜合研究

　　從上述國家中心或社會中心等二分法式的研究途徑觀察，可以看出偏重一方的研究成果將會有明顯的局限或偏頗之處，這是在選擇以某一方為研究途徑時就已經註定的狀況，亦即途徑的選擇將導引出與其相符的研究成果。Helen Milner 的著作由另一個角度支持著本觀點，他提出二個觀點來指出使用二分法下的研究途徑將帶來的壞處，首先是難以否認政治行為體和社會行為體都捲入了政策制定，尤其是在民主國家中，因為前者的政治領導人很少可忽視社會行為體的要求和偏好，後者也有直接或間接涉入政策的各種管道，雙方往往是相互依賴的關係；第二點是若只分析其中某一方的集團，則二者之間的策略結盟或互動關係等影響將同樣被忽略，但實際上每個行為體的行動會影響對方，因此政治和社會行為體間的關係若能被界定為博弈關係，將更有助於理解二個集團是如何相互影響的。[48]

　　故要探討日本政策產出的過程，就必須從日本國內非國家權威如何發揮政治影響，以及如何與官僚、政黨等權威形成政經聯盟的動態組成出發，觀察這樣的組合一旦變動，又會如何影響日本對於中國經濟外交戰略。Kevin Narizny 的研究也批評了目前主流的國際關係理論，包括新現實主義自由制度主義甚至是社會建構主義的二點侷限性。首先，認為他們把國內政治視為追逐國家利益過程中的「約束」，而非國家行為的基本決定性因素，沒考慮社會偏好如何影響政府包羅萬象的目標；其次，政黨政治是社會聯盟為控制國家的鬥爭下

---

[48] Helen V. Miner著，曲博譯，利益、制度與信息：國內政治與國際關係(上海：人民出版社，2010)，頁243~244。

自然產物，但上述國關理論幾乎沒有談及政黨政治，故無法解釋為何政府更迭能導致國家行為的變化。[49]本研究因此預計將借用國際政治經濟學的研究方法，研究在 1972~2005 這段期間內，有償日圓借款開始與結束二個重大轉折中的聯盟形式，以及該時期的政黨、官僚、社會團體政經聯盟如何影響決策體系，分別藉助以下的理論途徑來觀察各聯盟的形式與運作模式、國內聯盟與國際因素影響之間的相互影響、政策產出的結果形塑出何種的最終資源分配模式。

本文承接 Susan Strange 的觀點，強調社會中非國家行為體的同時，亦從 Helen Milner 的觀點得到啟發，他認為國家對外的合作政策或協定的產出過程中，國家並非單一行為體，亦即國家是由具有不同偏好的行為體所組成的多頭政治，他認為至少有三類行為體存在於國內政治中，分別是行政機構（含國家元首、官僚等）、立法機構、社會利益團體，而外交政策的制訂並不是將國家追求生存做為優先考量，而是被內部權力鬥爭和妥協所主導。[50]故國家行為體本身既非鐵板一塊，社會中的非國家行為體也並非不重要，本文綜合二位學者看法後，認為應該將國家和非國家行為體等量齊觀，或至少在不預設某一方絕對占據主導權的前提下，再進行各行為者的偏好和行動模式，並從二方面相互對照分析。可再借用 Milner 所建立的假設來理解這裡所提及之偏好，他認為若做出政策選擇的政策行為體是政治家，他就必須考慮在選舉中再次贏得權位，故他們與其他國家合作的理由就會和他們在選舉中所關注的議題相關，若他的選舉依賴於經濟狀況，政治家自然就會更關心經濟形式和政策；社會集團的偏好在於尋求利

---

[49]　Kevin Narizny著，白雲貞、傅強譯，大戰略的政治經濟學（上海：人民出版社，2014），頁 2~4。

[50]　Helen V. Miner著，曲博譯，利益、制度與信息:國內政治與國際關係，頁8~13。

益最大化，所以會在國際合作的政策過程中發揮二種作用，一是通過捐助競選資金和動員選票的能力，直接影響行政和立法機關的偏好，二是向政治行為體提供訊息，提供政治行為體在專業領域上所缺乏的資訊，讓政治行為體對政策後果有所警覺。[51]

而 Peter Gourevitch 所提出之「顛倒的第二意象」（second image reversed）觀點，對於國家政策產出之內外因素交互影響進行探討，而不以單獨的國際結構（outside）或者是僅由單一國內政治（inside）層次進行解釋，提倡從發掘國內政治的國際根源的思維方向，去理解國際關係，並非傳統的僅將國際關係視為國內政治的延伸，而是反過來探究影響國內政治的國際因素。[52]舉例而言，Robert O. Keohane 等人合著 *Internationalization and Domestic Politics* 一書中，亦特別從這樣的觀察角度，分析國際因素如何影響一個國家的國內政治及對外經濟政策，他們為了避免僅僅從國內政治去解釋對外政策的變遷，而特別強調國際因素（如國際市場中的相對價格變化）形塑了國內經濟利益集團的偏好，然後才導致了政治制度（官僚制、左右翼、選舉制度等等）的改變與形成，再進一步影響政策產出朝向符合優勢政經聯盟以及社會組織偏好的方向改變。[53]因此本研究的國內聯盟──對外政策模式亦不只是將日本對中國經濟外交戰略作為內政延伸，而是更往上探求國際因素脈絡作為該聯盟組成形式的根源。故與其說本文在研究日本鐵三角政經聯盟對於政策的影響，不如說是在

---

[51] 同上註，41~57。

[52] Peter Gourevitch, "The Second Image Reversed: the International Sources of Domestic Politics," *International Organization*, Vol. 32, No. 4(Autumn 1978), pp. 881~912.

[53] Robert O. Keohane, Helen V. Milner edit, *Internationalization and Domestic Politics* (New York: Cambridge University Press, 1996), pp. 3~7.

探討國際因素如何透過國內政治「內部化」後影響政策的產出。

第三節　研究途徑與方法

　　經過上節文獻回顧之整理後，本文發現無論是開始有償日圓借款或是關於該政策如何結束的相關研究，其研究的脈絡都是以歷史前後因果為主軸，並且分析當時的人（日、中、美等國主政者）、事（國際事件或雙邊交流事件）、物（資金、技術）之交叉關係，提出各自的學理解釋。而順著這樣的研究脈絡來看，個別的歷史事件或人事物的交叉關係必須要有足夠貫穿各研究標的之理論架構，如此方能使這些元素能夠有機的連結，所以在回顧完對於日對中有償貸款始末之相關文獻後，進行政治經濟學的相關文獻回顧，並從中釐清該途徑的主要研究興趣與適用範圍，以下將持續說明本文將如何應用政治經濟學途徑及相關方法進行進一步的研究。

一、研究途徑

　　本研究欲以政治經濟學所重視的「國家─社會關係」途徑（state-society approach）為起點，將國內的社會單元如何進行政治聯盟，其變動又如何影響對外政策作為主要研究目標，這樣的內而外、外而內(inside-out、outside-in)的雙向研究途徑不同於僅將對外政策視為內政延伸的傳統國際關係途徑，而且也跨越本來以現實主義、自由主義、

馬克思主義對國際政治經濟學的三分法，[54]這正是近期在國際政治經濟中的研究趨勢，Katzenstain 等人在 *Between Power and Plenty-Foreign Economic Policies of Advanced Industrial States* 一書中就使用了這樣的途徑，分析不同的先進工業國家的國內結構如何塑造其在全球政治經濟中的對外政治戰略。[55]而比較政治經濟學作為一種理論途徑的同時，也是一種可從現實現象中得出理論建構的方法，本文關注點主要在於日本的國內政治經濟聯盟基礎，故比較方法得以在改變不同時期政策的政經聯盟間被應用，透過比較得到其中的異同之處。

（一）比較政治經濟學途徑

迄今為止，政治經濟學（Political Economy）都是在 Adam Smith、David Ricardo、Karl Marx 等人所建立的豐沛基礎上持續累積著學術成果，主要關注的國家如何透過社會處理經濟事務和相關政策的設計執行，因為社會包含了人和組織，他們操控國家來滿足自身的經濟利益，或者是國家控制社會以透過經濟手段得到國家利益。而最為化約的研究對象可以包括政府、利益集團和市場之間的關係，其中政府又可以細分為政黨和官僚，而利益集團則是各種大小不一的營利和非營利組織，市場則是運作各種行為者間交易的機制和競爭場域。政治學者注意經濟現象背後的政治因素，或是經濟學者注意政治現象背後的經濟因素，就是結合兩者所進行的理論觀察，因此政治經濟學乃是政治學與經濟學結合下的產物。[56]而與純粹的經濟學者不同之處

---

[54] John Ravenhill ed., *Global Political Economy, 2nd ed.*(New York: Oxford University Press, 2008), pp. 53~63；左正東，國際政治經濟學（台北：揚智出版社，2022），頁7~10。

[55] Peter J. Katzenstein ed., *Between Power and Plenty-Foreign Economic Policies of Advanced Industrial States*, pp. 1~3.

[56] 可參考Ronald H. Chilcote, *Comparative Inquiry in Politics and Political Economy: Theories and*

在於，政治經濟學認為經濟市場同時也是紮根在社會政治體系當中的，政府強大的利益集團和歷史經驗決定了經濟的目的和市場（價格機制）發揮作用的範圍，所以經濟活動的本質並不如經濟學家所言為相同的普遍性，反而是由世界上各個不同的社會所決定，並且會影響到人們實現經濟目標的方法，[57] 因此不同的經濟政策有了不同的政治社會體系的背景可資比較。

比較政治經濟學（以下簡稱「比政經」）就不同國家、歷史時期的政治經濟問題與政策回應進行比較，而比政經與國際政治經濟學（以下簡稱「國政經」）不同之處在於後者是探討國際政治體系（international political system）或國家系統怎樣影響國際經濟事務，也可理解為通過國際層面的國家、社會與經濟的關係，來探討由國家為主所組成的國際政治體系如何影響國際經濟事務，其重點在於國家系統與國際市場間的互動，例如強調必須有一致力於維持國際自由市場的霸權國的霸權穩定論即為顯著例子；[58]而比政經則是將重點放在國內，通過比較國家內部的政府、利益集團和市場的關係探討國家如何管理經濟事務，[59]因此兩者之間的研究範圍不同，層次也不同。本文乃是比較日本國內政黨、官僚、利益團體的關係，觀察這些行為者在不同歷史時期對於有償借款這一經濟外交政策之影響，故適用於比較政治經濟的途徑。

本文採取比較方法對於本文命題進行研究的理由在於，比較研究

　　Issues(Colorado: Westiew Press, 2000)；楊龍 主編，**新政治經濟學導論**（北京：中國人民出版社，2010）。

[57]　Robert. Gilpin著，楊宇光等譯，**全球政治經濟學：解讀國際經濟秩序**（上海：人民出版社，2003），頁42~43。

[58]　同上註，頁99~103。

[59]　朱天飈，**比較政治經濟學**（北京：北京大學出版社，2005），頁7。

　　為避免研究範圍過大或僅在許多案例收集不夠精確的統計數據進行膚淺分析，並在時間、精力和金錢有限的情況下，對於少數案例的比較分析會比統計分析更為深入，是一種少數案例（small-N）的系統分析，可作為個案研究方法和實驗方法的中介，但缺點是可能面臨眾多變量、極少案例的問題。[60]本文就以比較方法對於日本對中國的有償借款做單一個案的縱向時間比較分析，案例本身是同一政策，故在滿足了可比性的前提，再藉由不同歷史時間點中背景因素的互動關係，而該背景因素包含了國家（執政黨、官僚）、社會（財界、民眾）等行為者，去探討此經濟外交政策開始和結束的原因。

　　本文選用此途徑進行研究設計的理由，乃因為在政治經濟學的研究領域中，往往關心的主題為國家面對外來刺激時，藉由觀察國家內部結構調整，來探討相應的對外政策如何產出和演變，因此套用在本文的標的：日本「對中經濟合作」時，就是用此途徑並進行研究設計，這案例當中的行為者包含了代表國家的日本政黨和官僚，以及代表社會的財界和民間團體、民意輿論，故可以適用於國家、社會間的彼此區隔又相互連結的關係，在以國家內部結構探討其得以主導政策演變的獲勝聯盟時，選用政官財鐵三角的政治經濟聯盟形式作為比較基礎，既保有了日本的特殊性，又能從中找尋此獲勝聯盟的組成要因，使得本案利得研究從行為者的選定、互動和政策產出形式，都得以在此途徑的涵蓋範圍下進行實證的學術積累。

　　進一步從政治經濟學中可延伸出許多關於政經聯盟形式的討論，本文參照 Michael J. Hiscox 所提出之定義，將所謂「聯盟」界定為：

---

[60]　Arend Lijphart, "Comparative Politics and the Comparative Method," *American Political Science Review*, Vol.65, No.3 (1971), pp. 685.

不僅是一組具有共同政策偏好的人和組織；它還隱含了為影響政策制訂而進行某種形式的政治活動，例如選舉、遊說、抗議或者威脅利誘等等。在民主政體之中，政黨、社會組織（依階級區分）和利益團體（以行業區分）等遊說集團，就是聯盟影響政策的主要組織性管道。[61]他以國家內部的政經聯盟如何影響對外經濟政策為研究議題，依照要素流動程度的高低，區分出兩種不同的聯盟取向，當要素流動程度高時，行業間的報酬率（rate of return）差異將因要素的自由流動而被抵銷，例如工人和投資者會同時傾向移往工業部門，以求取更多的回報，故容易形成以階級分化為主的聯盟，而在要素流動程度低時，則易於形成以行業為區別的聯盟形式。[62]

Michael G. Hill 政經聯盟模式

Michael G. Hill 以 Hiscox 的理論為基礎，進一步加入了以行政、立法分別主導支配的變項作為衡量標準，與之前所提要素的流動高低一同組成了四種決策過程類型的交叉表（表 1-1），在他的理論概念界定之中，民主政府試圖尋找可結合的社會行為者，以作為支持其政策的政治力量，而非國家的社會行為者則包含了資本家、勞工、農人和其他部門成員，他們尋求的是組成可獲勝的聯盟，藉以影響他們所偏好的對外經濟政策產出。[63]在 Hill 的模式中，行政和立法關係屬性決定了政治聯盟的規模，接著影響了政治領袖和代議機關之間政治衝突或合作的程度。所謂政治聯盟的規模，指的是政治人物為了政

---

[61]　Michael J. Hiscox , *International Trade and Political Conflict*, (Princeton : Princeton University Press, 2001), pp. 35~37.

[62]　Ibid., pp. 13~14.

[63]　Michael G. Hill, "Coalition Formation and Models of Capitalism," *Business and Politics*, Vol. 8, Iss. 3, Art. 2(2006), p. 4.

治目的所能組成的規模大小，通常以政治學定義會分為最大化聯盟（maximal coalition）和最小獲勝聯盟（minimal winning coalition）兩種，前者發生在政治人物透過選舉得到職位時，他們就有誘因盡可能擴大社會基礎，以得到選票和利益團體支持來贏得選舉；而最小獲勝聯盟則是發生在尋求物質利益時，組成最小獲勝聯盟可以確保在較少的成本下贏得勝利，政策通過或者勝選後的利益分配也可以確保較少的人分享成果。[64]

表 1-1　決策過程的主導模式

			立法主導	行政主導
			最小獲勝聯盟	最大化聯盟
			高對抗競爭的決策過程	集中統合的決策過程
要素流動高	廣泛階級聯盟	政黨和峰層組織	黨派模式： -政黨為主要利益代表者 -黨內競爭和談判即可決定政策產出 -勝出的黨贏者全拿	統合主義模式： -社會峰層組織是主要的利益代表 -由頂端的幾個大型組織決定了政策結果
要素流動低	狹隘工業聯盟	部門利益集團	多元模式： -部門利益團體為主要利益代表者 -立法部門中能形成多數的利益團體聯盟決定政策	干涉主義模式： -部門利益團體為主要利益代表 -計畫的集中協調和各利益團體能否得到補償有關

資料來源：Michael G. Hill, "Coalition Formation and Models of Capitalism," *Business and Politics*, Vol. 8, Iss. 3, Art. 2(2006), pp. 13.

---

[64]　Ibid., pp. 8~9.

　　在 Hill 的概念中，代表行政體（executives）的是可命令具行政
功能政府的政治領袖，包括總統制中的總統或是內閣制當中的多數黨
領袖。因為他們藉由選舉贏得公職，故有誘因盡可能的最大化他們在
各階級和部門當中的支持，以推進對外經濟政策。而在分析上，他將
行政體是單一的代表性個體，同時凝聚了各政府部門和官僚，負責對
立法部門的協調工作，以完成對外政策的共識。相對的，立法主體
（legislatures）則被界定為傾向在外貿問題上尋求最小獲勝聯盟，因
為議員個人的那一票在這種形式的聯盟中有最高的平均價值，且因此
不必多耗費資源和利益給更多其他區的選民身上，故相對於行政主
導，在立法主導的決策體系內這樣的聯盟形式，會造成立法部門內的
代議團體間具有較少的選票交易行為，而是具有更大的對抗性。[65]

　　從行政和立法主體的區隔，可以看出行政主導和立法主導是決定
聯盟區分最重要的政治因素，但一個國家是總統制或內閣制，並不能
直接決定該國內的決策是由行政或立法所主導，例如即使在融合立法
和行政優勢於一身的內閣制中，在制度設計上，本就身為多數黨的內
閣政府被認為不致受到來自立法機關的太多挑戰和修正壓力，但若該
國的政黨係同的分裂程度很高，因此重組新政府的機會比較高，則其
他立法機關的成員會較傾向時常阻礙現任政府政策，並使得政黨組織
的制度化程度較低。[66]

　　關於行政和立法主導的兩種不同狀況，需要進一步說明的是，行
政主導發生於總統或閣揆擁有最大的政治權力起草經濟外貿政策，並
能較確實的使該政策在立法部門中通過；立法主導則是發生在當行政

---

[65]　Ibid., p. 10.

[66]　Ibid., p. 11.

施政都需要立法部門批准時，且立法部門的投票在外貿政策等議題上具有重要的決定性。而處在行政主導的時期相比起立法主導的時候，其決策過程較能取得一致共識而避免競爭，政策結果所產出的利益較為廣泛而能使得各利益團體雨露均沾。[67]

但若全然照搬西方理論來解釋日本的政經體系，則顯然不能照顧到日本的特殊性，因此本文將在日本自身所定義的「政官財鐵三角」的政治模式下，應用國家社會途徑，去解釋日本學界自身所定義的政治架構如何進行政治經濟結盟關係與互動，以 Hill 的模型為藍本並加以轉化。另一方面，本研究希望能夠以比照這樣的分析方式，以日本當地所取得的相關資料，觀察日本的政經聯盟所符合的決策過程模式為何，藉由抽繹出決定性的因素以形成對照表，找出適合日本政治經濟聯盟運作的所屬類別，或是在各時期時屬於何種經濟聯盟形式。

最後，本研究選擇政治經濟學理論動機在於，此途徑與傳統國際關係研究途徑有不同之處，傳統的國際關係理論從個人、國家、國際等層次分析外交議題，無論是新現實或新自由主義，習慣將非國家行為者角色，普遍定位在國際關係中的次要角色，在國際關係體系中仍非主要行為體，宏觀的體系結構或是國家層次在解釋外交行為時，「社會」往往是被簡化忽略的因素。而作為本文主要研究途徑的政治經濟學，從「國家—社會」的另一種角度，提供了具體而微觀的國內基礎解釋，試圖兼顧國內基礎和國際環境制約，去探討國家社會關係變動所造成的政治聯盟變化，及其對外交政策產出的影響，這將有助於從日本國內的實際政治經濟聯盟情況出發，對於分析日本外交政策能夠有更多的微觀基礎，且有別於傳統國際關係理論偏向宏觀的結構

---

[67] Ibid., p. 30.

解釋，或者忽略社會因素之處。

　　而使用政治經濟學途徑的特別之處為：第一，不以國家為唯一的決策行為主體，國家機器在本研究當中是受到政黨、官僚、財界所爭取的決策平台，在這點上就與新現實主義有很大的不同，有助於細緻的觀察決策過程中的種種權力衝突與結盟關係。第二，本研究強調國際與國內層次的交互影響解釋。由於受到 Keneth Waltz 所界定的分析層次影響，國際關係研究習慣嚴格遵守本身研究範圍的層次所在，但九〇年代以後 Robert O. Keohane 等人所倡導的國際政治經濟學研究，正力求打破單一層次的解釋方式，探討國際因素對於國內政治的影響，也從國內政治經濟聯盟的結果推論其國際行為如何影響權力格局，本研究亦認同此一嘗試，尋求在研究方法上對於日本外交政策產出提出新的解釋方式。第三，比較政治經濟學有助釐清背景因素，為結合具體的對中國有償日圓借款之決策流程和當時國內外政治經濟背景，須先修正過去「政官財鐵三角」途徑之封閉性，再從較為開放的角度增加其納入多元的可能性，探討影響對外經濟政策走向的關鍵因素，以日本對中國的有償日圓借款起始和終結為研究案例，比較兩關鍵時點各自的政經背景因素，觀察在這兩個時點的當下，其內在的政官財之鐵三角政經聯盟如何因應民間社會變動，又是如何造成其經濟外交政策之影響。

（二）計量分析途徑

　　計量或稱量化（quantification）乃是將資料轉換為數字形式的過程——這個過程涉及將社會科學資料轉換為機器可判讀型態，透過變項的建立，透過量化資料數據的判讀，以邏輯分析對於假設進行檢證。在社會科學的典範轉移過程中，行為科學在二十世紀的崛起，使

得科學研究被建立在大量的實證性（empirical character）的經驗證據上，而計量研究就幾乎被如同義詞般的被廣泛應用在實證研究上，計量研究的架構要求由數字構成的變項（variable），進行從現實中所收集來的描述變項間的關係，並從中發展和驗證理論假設，從學理上探討現實社會和理論之間的相互關連性，[68]藉此達成學術知識的累積。故本文將以此方法檢驗各種對於日本結束對中有償借款的各種理論假設，以解釋能力篩選適當的理論。

本文所涉及的量化方法將會涉及統計顯著性檢定（tests of statistical significance）和迴歸分析（regression analysis）等二種方式，[69]前者主要用於變項間既有的關聯是否顯著、強烈、重要的問題，這將會被用在各個關於日本與中國之間的變項（如有償借款金額、中日雙邊友好度、中國國防支出……等）之間是否相關的檢定；後者則是能將變項間的關係以方程式的形式表示，形成具有預測能力的模型，用以找出能解釋對中經濟合作變數的最適模型。

使用計量分析途徑的理由在於，因為每一種方法都有其短處，若能運用幾種不同研究方法才能截長補短，若不同且獨立的研究方法，對於相同的研究主題都能顯示相同結果，就形成了複證，因此本文不侷限在質化的研究途徑，而是試圖利用此研究議題當中所蘊含的豐富政治和經濟數據，從更多的觀察角度對日本對中國的經濟外交政策進行解析，客觀的分析各項數據資料，促進質量化研究彼此之間的對話，或許能夠提供學術上新的分析視野。

---

[68] 邱皓政，量化研究與計量分析：SPSS中文視窗版資料分析範例解析（台北：五南，2006），頁1~7。

[69] Earl Babbie著，劉鶴群、林秀雲、陳麗欣、胡正申、黃韻如譯，社會科學研究方法（第十二版）（台北：雙葉書廊，2010），頁661~668。

　　日本政府於 2005 年時決議未來不再對中國進行新的日圓有償借款，使過去日中關係中最實質的經濟外交政策，因為此貸款的終結而走入另一新階段。而前節提到於 2000 年時，日本外務省曾委託三菱總合研究所對該年為止的對中國日圓借款展開的計量研究調查「對中 ODA 的效果調查」，[70]從這二十年來整體 ODA 對於中國產生了多大實質效益之研究，成為了對中 ODA 計量分析的重要文獻，但未能就成效以外的影響因素納入研究範圍內，因此本文希望以計量方法探究對此結果提出解釋的既有之文獻，在上一節的文獻回顧部分中可分為政治、經濟兩大類的理論因素，前者為民族主義論、軍事威脅論，後者主要是經濟威脅論和功成身退論，本研究將於第五章藉由量化分析檢證四種理論預設，提取與各理論相關之變數資料，試圖在目前多數既有的質化理論的解釋之上，進一步以統計方法比較分析各理論之解釋能力，並重新建立一套適當的分析模型。

　　為了驗證前述已知研究成果所得出之各種關於日本結束對中有償日圓借款的理論，有必要以計量方法對於已知的各項數據資料進行統計分析，因為質化理論所導出的研究結果縱然有其邏輯推演和歷史資料佐證其學術價值，但透過統計數據所能夠呈現出的各行為者、變數間的相關性和因果關係，將比質化研究來得更加直接和明顯，可補足質化的理論推演不足之處。

　　另一方面，由於影響有償日圓借款的因素眾多，為求在計量分析的適配性，必須區分出適合進行迴歸分析的經濟因素，其他則歸類到政治、社會等因素另行相關性驗證，故由此衍生出本文之研究目的，

---

[70]　日本外務省經濟協力局評價室，「対中ODAの効果調査」，<http://www.mofa.go.jp/mofaj/gaiko/oda/ shiryo/hyouka/kunibetu/gai/china/koka/index.html>

即藉由計量方法驗證以下兩項重點：

A. 日圓借款與各政治、社會影響因素的相關性檢證。

B. 日圓借款與各經濟影響因素的迴歸分析和模型建立。

而此二項研究目的將會在第五章時進行分析與回應。

二、研究方法

（一）文獻分析法

　　針對相關的研究論文、專書加以整理比較，期望能夠將本次受國科會千里馬計畫補助，在日本當地搜尋第一手官方文件、檔案、書籍，對日方之過往對中經濟外交的重大政策行程過程，做出系統性的整理分析，此研究方式講求實質書面的文字報告，將具有相當之可信程度度資料篩選過濾，有利於研究資料的分類整理和歸納。另一方面，進行歷史文獻研究的目的在描述歷史事實，並指出某一特定時空發生的歷史事實有一些什麼前因和後果，在經由這樣的因果關係重建過去（ the reconstruction of the past ）。[71]這樣的方法有助於還原經濟外交戰略產出前後，哪些輸出造成了日本決策方面的反映，哪些政策輸出又是因為政經聯盟的重組或者利益考量改變而被迫調整。以此方法進行研究的限制，將會是在未解密檔案的取得困難，或者是在研究利益團體影響政策時的正式文件資料不易收集。

（二）個案研究法

　　為避免研究範圍過大，有時以個別事件做為深入研究，會更有利

---

[71] 易君博，政治理論與研究方法（台北：三民書局，民64），頁165~168。

於尋找變項以及理論細部的延伸，最大的優點在於能在有限資料與資源下，反覆檢證問題的癥結所在。[72]另外，這樣的方式有助於提供描述性和具體的事實證據以檢證或質疑通則理論，也可以有效率的定義出應變項和自變項，[73]本研究將這樣的方法利用在 1979 年決定實施對中 ODA 到 2005 年決定終止對中日圓貸款等個案上。此方法的研究限制在於，此兩項個案的時間都是持續了一段不短時間，在個案研究範圍的拿捏上可能必須經過更仔細的設定，各個變項的控制也要更加的準確。

（三）專家訪談法

此種訪談法的特點在於其主要研究興趣並非在受訪者個人身上，而是著重在受訪者於某一領域活動中的專家能力，且就取樣的角度而言，受訪者代表的不是單一個案，而是其背後的某一群具有特殊專業能力的專家團體社群，其成功關鍵在於訪談大綱是否能夠引導受訪者說出切合研究主題的內容，有時可以引導專家進行「演說訪談法」請他針對主題發表一場專業演說，而不是一般一問一答的訪談方式。[74]本研究利用在日本進行訪問研究的期間，對於日中關係素有研究的學者專家、日本政府相關部門的官僚等，直接訪問討論欲研究之個案，累計訪談了四人次，但基於學術倫理，表達不願公開姓名之訪談對象將不公布，關於訪談問題和內容紀要請見附錄一。而研究限制在於，

---

[72]　Arend Lijphart, "Comparative Politics and the Comparative Method,"*American Political Science Review*, Vol.65, NO.3 (1971), pp. 690~693.

[73]　Stephen Van Evera, *Guide to Methods for Students of Political Science* (New York: Ithaca, 1985), pp.51~55.

[74]　Uwe Flick著，李政賢、廖志恒、林靜如譯，*質性研究導論*（台北：五南，2007），頁147~148。

並非每一位原本設定的專家學者都達到預期，亦即對事件可能有其個人定見，或其身處職務之立場所限，不見得能得到客觀中立之意見論述，在參酌其他文獻資料後僅能當作個人意見處理。

第四節　研究範圍與限制

一、研究範圍與限制

本文研究之時間範圍為 1978 年日本決定實施對中 ODA 政策開始，至 2005 年決定終止 ODA 中的有償日圓貸款為止，以這段期間的有償貸款政策期間作為主要研究範圍，開始實施 ODA 前回溯到 1972 年日中關係正常化這段期間，將作為次要的政策實施背景簡要討論之。被研究的主要行為者則限定在日本國內，其政治過程內對於日本經濟外交政策可能產生影響力的政黨、官僚、政治家、媒體、學者都將被涵蓋在研究範圍內。

本文在研究上面臨以下限制，有待未來後續研究解決，首先是關於鐵三角模式的應用上，究竟財界角色應該算在國家社會關係中「社會」代表，或者是決定政治決策的少數頂峰組織之一，而自外於整體社會有著不同的行動誘因，例如財界的意見往往偏向大型企業而與中小企業時有衝突，這些在類似研究的界定上難以釐清，也是採取這種研究途徑是必須面對的難題；其次是財界的立場，本文僅能從間接資料（媒體報導、書籍）中，作為財界在歷次重大事件中的行為佐證，未能訪談到直接參與 ODA 事務之相關日資企業人士，難以取得關於財界的第一手資料，這是研究過程中的遺憾也是蒐集資料上所面臨的

限制。

二、全書章節架構

　　本文之後章節將會以上述研究途徑為本進行分析，預計研究設計流程可大致區分為四個部分，第一部分處理日本決策模式和政策的歷史脈絡，包含第二、三章，將在第二章分析日本對外決策過程中的各行為者，主要借用「政官財鐵三角模式」為本，再加以轉化成更多元的分析架構，並將行為者區分為政黨、官僚、財界三個主要行為體，並適時加入「民意」作為此模式的外生變數，但在討論時允許行為體內部因不同議題所產生的內部分裂情形，亦即不將各行為體視為完整單一的個體，並在此部分界定各行為體的角色，將國家和社會中涉及決策過程的行為者背景脈絡做出概述，並將此模式套用至第三章，分析日本對中國政策之演變。第二部分為第四章，進行實證案例分析，將日本對中經濟合作的起始和結束分兩個部分探討，兩者在背後皆有各自的歷史和政經聯盟變化的背景，但也富有延續性，在這部分將探討在做出對中經濟合作政策的討論階段和核准階段有哪些行為者在其中，比較始末兩事件的政經聯盟背景異同為何。第三部分為第五章，預計以計量方法分析與第四章中所提及值性理論相關的數據資料，藉以佐證上述實證分析所歸納出的質化分析結果，對照質化理論預期和量化數據資料間的差距，檢證本文所採用政治經濟途徑是否適用於此研究議題。第四部分為結論，根據 Hill 政經聯盟模式加以轉化歸類，整理本論文分析結果，並呼應本章所提及之研究目的，一一針對各目的做出回答。

第二章　日本鐵三角政治經濟聯盟與政治決策模式

　　本節將先就政官財的模式進行釐清，將在目前既有的學術研究基礎上，輔以海外研究期間所得之訪談資料，解釋日本政官財鐵三角當中三方行動者的角色，以及彼此透過何種管道互動溝通，再比較目前解釋鐵三角決策模式的各種說法，最後試圖綜合這些模式在解釋日本對外政策決定要因時的有效性。

　　本節發現社會團體透過政治結盟的方式，在鐵三角內影響了決策方向發展。但筆者不認為封閉式的鐵三角模式是日本政治模式的常態，由各種文獻回顧的呈現結果來看，日本政治決策的主導者也並非是主張單一行為者主導的國家中心論可以涵蓋的。本研究認同社會中心論的立場，期望能夠不只是在後續研究中將日本決策鐵三角中的財界地位提昇，還希望能夠在特定議題上釐清國家以外的社會利益團體的積極參與程度，對於傳統的封閉式日本政官財鐵三角模式進行修正，並且在社會行動者的部分，納入除了財界之外，對於日本對外政策有所影響的其他分析對象，轉化修正為具有可重組性的開放式鐵三角模式。如此方有適合對於日本整體外交政策，乃至於其延伸出對中國政策以一貫之的理論解釋。

第一節　「政官財鐵三角」模式中的行動者

　　日本的政治決策體系，往往被稱為「政官財鐵三角」，亦即日本的重要國內決策主要被這三者所決定，依照政策的取向而有不同的利害關係，而具體政策就是在這三者的利益關係協調下所產生。但在應用到對外政策的決策體系上時，這樣的模式就產生了變化，原因在於對外政策和國內政策的實施影響標的明顯不同，涉及的行動者也不同。相對於動輒攸關民生社稷的國內政策，在國際經濟上具有活動能力的大型跨國公司，或對於特殊資源、技術具有利害關係的業界團體，才是政、官以外會特別關心日本對外決策過程的行動者。

　　在 Theodore Lowi 提出原始之鐵三角模型中，其背景乃是源於代表公部門在小羅斯福新政後的不斷擴張，代表美國自由主義的結束，並走向所謂「利益團體的自由主義」（interest-group liberalism）的多元主義模式，各組織競逐資源和有利的政策，而在大型利益團體具有絕對競爭優勢的情況下，整體多元主義又陷入不公平競爭的狀態，隨著鐵三角的出現使得利益團體的自由主義也宣告終結，這當中的三角分別為國會委員會、行政部門、利益團體，其中政府所代表的行政部門，其角色為確保最有效的利益整合方式，並且認可競爭團體間所產生的協議，行政人員則注重的是經過此模式產生的組織利益是否具備最大合法性。[75]而日本的政治決策體系可說是此模式的延伸和變形，往往被稱為「政官財鐵三角」，亦即日本的重要國內決策主要被這三者所決定，依照政策的取向而有不同的利害關係，而具體政策就

---

[75] Theodore J. Lowi, *The End of Liberalism, 2nd ed.* (New York: Norton, 1979), pp.50~51.

是在這三者的利益關係協調下所產生。但如前所述，在日本的鐵三角中，關心日本對外決策過程的政、官行動者以外，在民間社會中對於政策制定發揮影響力者，最為有力的非財界莫屬，亦即將原本 Lowi 的模型以官僚和財界作為代換和修正，以適用於日本的實際狀況。本節將先就政官財的模式進行釐清，將在目前既有的學術研究基礎上，輔以海外研究期間所得之訪談資料，解釋日本政官財鐵三角當中三方行動者的角色，以及彼此透過何種管道互動溝通，再比較目前解釋鐵三角決策模式的各種說法，最後試圖綜合這些模式在解釋日本對外政策決定要因時的有效性。

日本之決策體系，基於其明治維新後歷史文化的長久發展、菁英網絡的盤根錯節、戰後經濟發展的需要等因素，使得日本由政治經濟菁英主導的決策模式至關重要，而這樣的決策模式在政黨、官僚、財界所組成的鐵三角內運作，這樣的決策體系建立在鐵三角彼此之間的政治經濟聯盟關係，即使這鐵三角各自內部還可細分隨不同議題而有各自不同的合縱連橫關係，但無論如何，日本的對外政策產出，都脫離不了此鐵三角的決策模式，反映了當時具有政治優勢之聯盟的理性偏好，在考慮到國際因素對於日本的制約性後，可以簡要的將此鐵三角決策模式歸納為圖 2-1。

日本對外政策鐵三角最終形成了彼此相互制衡的正式決策制度，以及非正式的菁英協議機制，而強調國內政經制度途徑者認為，在不同的歷史關鍵點上，政策產出所依賴的經濟聯盟會向鐵三角內當時具主導地位的行動者傾斜，使得政經聯盟的形式在相互制約能力的變動下，產生了在政策轉折點時具優勢主導性的政經鐵三角，並依其利益偏好做出政策改變的決定。因此綜觀與本研究問題相關之日本決策體系背景，需要以不同時期的事件資料為主幹，去探討鐵三角在不同案

例當中如何相互影響和結盟，政治經濟聯盟內部的實力消長造成政策產出結果向哪一方傾斜。而在上述的政黨、官僚、財界等三大主要行為者當中，各內部亦存在重要但可區分的行動者，如政黨的部分還可細分為各黨派和各黨內派閥，其各自依照政策取向、地方派系而代表不同的特殊利益，例如議員專業化，使得對應於特定政府部門的「族議員」出現，加強了政黨對於官僚的監督能力；而官僚內部則可區分為部門之間的關係，和本研究議題相關的財務省（原大藏省）、經濟產業省（原通產省）、外務省等皆有各自的部門利益，在研究後續各項政策辯論的場域中將會多做討論；二戰後的日本財界則是包含了經濟團體聯合會（簡稱：經團連）、日本工商會議所（簡稱日商）、日本經營者團體聯盟（簡稱日經聯，已和經團連合併）和經濟同友會等四大財界團體，透過在金融上的宰制力量，掌握著日本經濟命脈。

　　日本對外政策鐵三角最終形成了彼此相互制衡的正式決策制度，以及非正式的菁英協議機制，而強調國內政經制度途徑者認為，在不同的歷史關鍵點上，政策產出所依賴的經濟聯盟，會朝向當時鐵三角內具主導地位的行動者傾斜，使得政經聯盟的形式在相互制約能力的變動下，產生了在政策轉折點時具優勢主導性的政經鐵三角，並依其利益偏好做出政策改變的決定。因此綜觀與本研究問題相關之日本決策體系背景，需要以不同時期的事件資料為主幹，去探討鐵三角在不同案例當中如何相互影響和結盟，政治經濟聯盟內部的實力消長造成政策產出結果向哪一方傾斜。而在上述的政黨、官僚、財界等三大主要行為者當中，各內部亦存在重要但可區分的行動者，如政黨的部分還可細分為各黨派和各黨內派閥，其各自依照政策取向、地方派系而代表不同的特殊利益，例如議員專業化，使得對應於特定政府部門的「族議員」出現，加強了政黨對於官僚的監督能力；而官僚內部則可

區分為部門之間的關係，和本研究議題相關的大藏省、通產省、外務省皆有各自的部門利益，在研究後續各項政策辯論的場域中將會多做討論；二戰後的日本財界則是包含了經濟團體聯合會（簡稱：經團連）、日本工商會議所（簡稱日商）、日本經營者團體聯盟（簡稱日經聯，現已和經團連合併）和經濟同友會等四大財界團體，透過在金融上的宰制力量，掌握著日本經濟命脈。

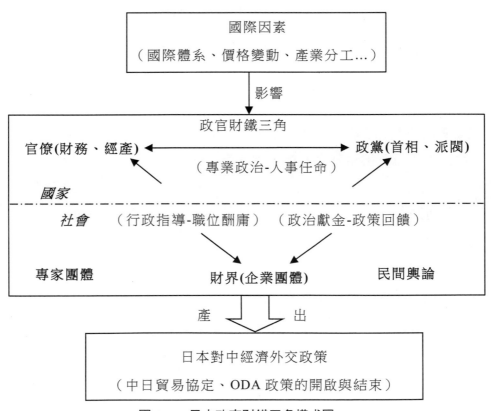

圖 2-1　日本政官財鐵三角模式圖

資料來源：作者自行整理

　　從圖 2-1 可見，日本國內主要的決策鐵三角為政黨、官僚、財界，彼此相互影響制約，例如在政務上依據憲法規定，文官必須服從政治任命的省廳大臣、政務官指揮；而政府官員因必須面對選舉，而得借助財界的經濟支援；但財界又必須在種種營業許可，行政指導上受到官僚的直接管轄。因此，以「國家—社會」這樣的政治經濟途徑進行研究時，會針對日本國內外重大政策轉折發生時，從鐵三角彼此間的政經聯盟關係變動進行解釋，探討彼此的相互制約或主導地位等變化。

　　若要探討日本國內的政治經濟聯盟對其外交決策之影響，則勢必要從其特殊的政官財鐵三角模式著手分析，在鐵三角之中，政黨、官僚、財界各自占據了特殊的地位，其運作的方式往往被視為黑盒子，僅能從個案當中的三方個別反應去探知，從中找尋彼此互動的蛛絲馬跡。以下分別將這三者的行動者角色、動因等個別分析如下。

一、政黨

　　二戰後的日本政局自 1955 年日本左右派政黨分別合併後，成為了由右派的自由黨和民主黨合併的自民黨所長期執政，而左派的社會黨處於在野的一黨優勢制，這樣的「五五年體制」持續到 1993 年，原本在野的七個政黨加上自民黨一派閥，共同推翻自民黨的長期執政而宣告「五五年體制」結束。在這過程當中，身為長期執政黨的自民黨，逐步確立了戰後日本復甦的政治經濟道路，並且藉由其長期穩定執政的政治局勢，建立起了前述政官財相互協調決策的鐵三角模式，因此五五年體制期間保證了政治局勢以及政策過程上的穩定發展。

　　但自民黨自身並非鐵板一塊的體系，即使長期執政，但內部派閥

林立，使得內閣更迭頻仍，各派閥首領莫不以當上內閣總理大臣為最高的從政目的，派閥成員們也希望能夠瞄準大臣的位置，藉以增加自身政治資歷以及統籌運用該部門資源的實質利益，[76]因此加速內閣的輪替有助於各派閥輪流掌權。在自民黨的一黨優勢下，能夠在自民黨內總裁選舉勝出，就等於成為內閣總理大臣，因此各派系的運作目標就是聚集政治能量幫助派閥首領成為總理，並且讓自己在同世代的政治梯隊當中累積更多的政治資源，依序成為下一代的派閥接班人甚至內閣總理。而派閥對於政策也有特殊偏好，如田中角榮領導自民黨最大派閥時的親中傾向。

　　另一方面，長期壟斷執政權力，使自民黨得以培養特定行政事務專長的政治人物，或者是吸收本來就具備專業行政知識的官僚加入選舉行列，讓他們成為自民黨的議員，可幫助自民黨駕馭國家機器，而這樣在某行政領域具有專長和資歷的議員就被稱為「族議員」，他們藉由自身長期處在國會某特定委員會中的資歷，對於相對應的中央省廳進行政治影響，為自身選區內特定利益團體謀求政策上的優惠，[77]幾個活動能力強大的族，好比農林水產族、郵政族、建設族等等，便對於相對應的省廳長期密切互動，他們有專業能力和專業官僚形塑政策，並居於政黨和官僚之間居中協調，且藉此優勢結合相關的利益團體，鞏固自身的選舉地盤。

　　專門從政黨在決策過程的角色來看，自五五年體制時期成形開始，自民黨長期累積了足夠的政治資源並以此建立一套固定的決策影響管道，如自民黨的「政務調查委員會」（以下簡稱政調會），以往

76　秦俊鷹、潘邦順編譯，日本政治體系（台北：風雲論壇出版社，2001），頁118~122。

77　森本哲郎編，現代日本の政治と政策（京都：法律文化社，2006），頁76~77。

在正式的法案出爐之前，會先在政調會中設置專門對應的委員會和特別調查會內先行審查，然後交付政調審議會複審，最後經過自民黨團的總務會的認可後，才算是完成了自民黨內的正式決策流程；如果處在其他聯合執政的情況時，則會經過執政聯盟的政策調整會議或幹事長會議取得共識後，完成政黨方面的決策過程。[78]所以政黨在決策過程的角色上，扮演了初期決策審核的角色，進行執政黨內或執政同盟的共識凝聚和協調工作。

五五年體制伴隨著非自民黨細川政權上台而崩解，政黨角色因此起了不小變化，無論是新上台的細川聯合內閣的七黨一派，或淪落為在野黨的自民黨，都必須重新摸索各自在政策決定過程當中的角色。下野對於長期執政的自民黨的影響，首先是對於官僚的態度改變，本來自民黨的政治家對於官僚的伙伴關係，被監督關係所替代，開始以懷疑的眼光審視官僚預算作成，使政黨角色從合作者變成了監督者，並打破了五五年體制時培養出的信賴關係，且失去執政權的自民黨族議員也不再享有和官僚省廳間的特殊待遇關係，[79]過去與地方利益團體緊密結合，在官僚和政黨間居中協調的自民黨族議員，不再能夠如自民黨長期執政時那樣呼風喚雨。

二、官僚

官僚機構在日本的地位，乃是從明治維新時建立起的文官制度開

---

[78] 外交政策決定要因研究會編，**日本の外交政策決定要因**（東京：PHP研究所，1999），頁72~73。

[79] 飯尾潤，**政局から政策へ日本政治の成熟と転換**（東京：NTT出版株式會社，2008），頁163~164。

始，在現代日本的建立過程中，這套歷史悠久又掌握實權的龐大國家機器始終扮演著關鍵角色。從君主立憲制歷經二戰，再過渡到民主內閣制的日本政府，文官雖然從「天皇的官吏」轉變為國民主權下的人民公僕，但始終保持高超的地位。直至戰後初期的國家重建和促使日本重回現代工業大國之林，官僚的政策指導一向被認為發揮了積極正面的功效，也更加的反饋在人民、執政黨對於官僚機構的依賴和信任感上。可以從以下幾個方面來探討官僚在日本決策體系中，為何能夠扮演重要角色的原因。

首先，從歷史淵源來看，明治時期的第一批現代文官體制的建立，是由當初推翻幕府的四大重要藩閥所把持，他們的建國功勳使他們有極大的政治實權進行政務的規劃與推動，官僚組織從一開始就不只是個單純的行政辦事單位而已。這樣的狀況在戰後盟軍占領時，對於日本的文官體制採取保存利用的態度，因為以美國為首的盟軍最高司令官總司令部（General Headquarters，GHQ）希望盡快重建日本，又要避免戰時的政治家回來主導政局，於是利用現存的官僚組織間接治理日本，成為美國最好的選擇。[80]另一方面，相對於受「剝奪公職處分」的戰犯和政治家們，身處政治核心的行為者頓時少掉了一大部分的政界人士，使得當時決策鐵三角內的權力對比大幅度的傾向了官僚這一方。

其次，官僚的人員甄選方式和任期保障，使得日本名校畢業的優秀人才，得以在任期固定的官僚組織當中長期歷練和累積專業知識，這點相對於日本五五年體制以來更迭頻繁的內閣省廳大臣而言看，更

80　堀江湛，「新たな統治システムとしての政治主導行政の確立」，堀江湛、加藤秀治郎編，日本の統治システム（東京：慈學社，2008），頁30；包霞琴、臧志軍主編，變革中的日本政治與外交，頁124~128。

符合「鐵打的衙門，流水的官」這句話。其次，日本戰後必須進行經濟的重建工作，而戰後日本百廢待舉，需要由政府統籌分配資源以配合社會民生需求，並且提供世界經濟資訊以指導符合國家發展需求的產業投資，因此官僚掌握資源制訂獎勵政策扶植產業的日本型發展國家，成為戰後經濟現代化的一個典型，使日本被稱為官民一體的「日本株式會社」，[81]不斷衝高經濟發展，並且確立官僚在戰後日本的實質貢獻與地位，也因此政治家和一般人民普遍依賴官僚進行政策的規劃和實施。

若從官僚組織的行為模式著手分析，將有助於進一步理解官僚在決策中的角色定位，主要有預算規模最大化模式、尋租模式兩種方向，前者強調官僚為了本身所屬部會省廳的預算規模最大化，並以此為目的，積極爭取在提供公共財的過程中得到較多的資源分配，而官僚相對於政治人物和一般國民的優勢在於，得以挾獨占的行政資訊和專業知識，利用此資訊的不對稱作成對自身有利的預算分配，在預算最大化的動機下可能造成過度強調官僚所偏好項目的預算投入，所造成的結果往往是公共財的過度供給。[82]後者則是強調在行政部門所得以規制管轄的領域之中，官僚利用其規制、特許的能力獲得額外利得的行為，特別是許多特許行業的利益長期受到政府部門保護，使得該產業的長期利益仰賴公部門的規制許可，而官僚本身也藉由職務之便，從中得到好處，例如退休官僚空降（天下り）至原本受其所屬部會管制的企業當中任職，或者是前往由政府預算所成立經營的財團法

[81] 岡田浩、松田憲忠著，**現代日本の政治——政治過程の理論と實際**（京都：ミネルヴァ書房，2009），頁76~78。
[82] 井掘利宏、土居丈朗，**日本政治の經濟分析**（東京：木鐸社，2006），頁69~70。

人中延續官僚個人的職務。[83]這兩種模式體現了日本官僚在鐵三角模式中的行為動機，若從這兩者的行為動機出發，將不難理解官僚在這決策過程當中的角色和未來採取相應的政策行為。

在上述的歷史脈絡下，日本學者宮本融將官僚角色的演進，依時序分為四個類型：首先是「國士型」，從明治維新到二戰時期的文官，身為天皇治理人民的官員，心態上為優越的國家謀士，不理會一般民間利益團體，且享有一定特權；其次是「調整型」，戰後的官僚不再具有之前的特權，此時的官僚親身為了行政和政治的分際而居中協調利害關係，從中協調出可行的國家政策，此型態持續到 1970 年代；第三是「吏員型」，到了 1980 年代，官僚逐漸轉變成追求效率的官吏，與政治利害開始保持距離，並將協調與利益團體的關係視為政治人物而非官僚的工作；最後是「行政管理者型」，進入 1990 年代後，五五年體制的崩潰迫使官僚也必須重新調整同政黨政治間的關係，他們所面對的將可能是不同的執政黨，於是強調專業領域知識，形成政策專門家的專業判斷和獨立性，並專注於組織內的專業官僚再生產。[84]從宮本的官僚演進過程來看，官僚在政官財鐵三角的運作當中，與政黨和利益團體的距離是不斷在變動的，而以本研究的時間範圍而言，剛好歷經了官僚角色處於吏員型和行政管理者兩個時期。

由於前面所述 1993 年細川政權上台打破了自民黨長期執政的五五年體制，因此官僚為了因應不同的執政黨也進行了適度的制度調整，包括成文和不成文的組織規範都有了明顯不同，學者們也以五五年體制的崩壞作為分水嶺。進入了 1990 年代後，隨著日本經濟陷入

83　同上註，頁71~72。

84　宮本融，「日本官僚論の再定義──官僚は『政策知識專門家』か『行政管理者』か？」，年報政治学（東京），2006年第2期，頁84~86。

衰退以及五五年體制崩壞，官僚的角色開始產生了變化，由於泡沫經濟崩解後的長期衰退造成了人民的失望，加上官僚在這時期發生多起醜聞，使得官僚不僅在引領國家發展的專業地位被動搖，甚至在政治上一向有著共生關係的自民黨也和官僚保持距離，甚至企圖加以改造。進退維谷的官僚組織，逐漸被迫接受政治領導，但仍然因行政專業的不可取代性，而保持著獨立地位，且更能多元的與不同的執政黨或社會利益團體互動。因此，在後五五年體制時期，官僚作為鐵三角決策行為體的重要性也逐漸下降，其原因可歸納為以下三方面。

首先，人民對於官僚的信心因為泡沫經濟崩解而流失，這是因為過去的經濟發展模式長期受到行政指導的影響，而官僚本身也一直以過去的日本經濟成果為自豪，但是陷入經濟蕭條的負面影響，人民反過來質疑官僚的作法不合時宜，大眾從信任的態度轉為採取批判監督的態度看待官僚的政策方向產出。

其次，1990 年代後半期間，伴隨著泡沫經濟崩壞的同時，民間企業也改變了過去的招待文化，將招待費用大幅縮減，然而官僚單位卻沒有這樣的敏感性，還是維持「官官接待」的奢侈作風，中央地方官員互訪仍浪費納稅人的稅金從事飲食招待，其中地方向中央爭取預算者占了多數；[85]另一起醜聞則是著名的 1998 年「色情火鍋店（ノーパンしゃぶしゃぶ）」事件，大藏省的金融檢察官，竟然向受監察之銀行索賄，並要求提供色情火鍋店招待。[86]以上兩件絲毫不顧及經濟衰退和社會觀感的行為，使官僚長期建立起的專業操守形象遭受到嚴重的打擊。

---

[85] 飯尾潤，政局から政策へ日本政治の成熟と転換，頁168。

[86] 「DM不正の元厚労省、ノーパンしゃぶしゃぶの常連？」，夕刊フジ，<http://www.yamatopress.com/c/1/1/854>。

第三，隨著官僚威信的喪失，原本以行政指導和資金援助等兩項手段引領業界的能力也跟著衰退，過去業界經歷艱困時期或者貧弱產業在需要幫助時，總是能夠從官僚省廳處得到一定的資源，但官僚本身威信下降，協調救助資金的資源分配能力明顯捉襟見肘，[87]原本寄望官僚代表業界聲音的省廳代表制於是崩潰，業界團體不再信賴官僚單位的同時，也代表官僚角色相對於業界團體的制約影響，遠不如五五年體制時代。

三、財界

財界所組成的基本單位主要是大型企業，故必須先對這些大型企業集團有初步理解，從日本發展的歷史脈絡來看，這些大企業的前身主要是由被稱作「財閥」的超大型集團所衍生而成，而組成目前日本財界的主要企業財團，或多或少都和這些自明治維新後就已存在的財閥有直接間接關係，因為直到二戰結束之前，以三井、三菱、住友為中心的三大財閥幾乎掌握了全日本的經濟命脈，當時的財閥與天皇制、軍閥共同組成了三位一體的軍國主義政權，因此可以理解為何美軍在戰後占領日本時，會急於藉由農地改革、勞動平等化和財閥解體等三項指令，以求徹底改變日本的經濟基礎。[88]這樣的措施卻因為美國因應韓戰的需求，而不得不重新組建日本的生產體系，以因應美國軍需品的補給供應，使得上述的財閥得以化整為零的逐步復活，比方說透過社長會或交叉持股等方式相互連結，技術上包含了企業內部、

87　飯尾潤，政局から政策へ日本政治の成熟と転換，頁170~171。

88　降旗節雄，日本経済の構造と分析（東京：社會評論社，1993），頁96~97。

銀行和企業、企業和企業等三種方式,若以企業內部而論,可維繫舊財閥時期的各會社間關係,再以銀行與企業間的交叉來說,可確保企業資金來源,最後以不同母集團的企業會社來說,垂直交叉持股可整合中下游公司,保證品質和原物料穩定供應,水平持股可以形成策略聯盟。[89]故雖然無法重新組成戰前的財閥規模,但彼此兼有著各種方式保持密切關係。而目前的日本大型企業集團可以簡單分為三種類型,第一種是前述的以舊財閥為主體的關係企業集團;第二種是戰後所出現的新型集團,主要以銀行為中心結合各種實業公司所組成,例如以三和銀行為中心的芙蓉集團和第一勸業銀行集團;第三種則是1960 年代後經過產業重組所產生的獨立性財團,例如專注在電子產業的日立、東芝、松下電器,或是汽車業的豐田、日產等集團。[90]

　　如前所述,現今所謂的「財界」過去主要由四大團體所組成,現在僅餘三大團體,而實際上最重要的組織是被稱做「財界總本山」的經團連,該組織的主席可稱為「財界總理」,被視為代表日本經濟界的領導人物,但其他三團體仍有各自創立的特殊意義以及專長領域存在,因此仍有分別瞭解之價值。

(一)經濟同友會

　　首先,經濟同友會在 1948 年創立時代表的是「先進的」企業組織,在當時的日本率先強調企業的社會責任,不認同資本主義中壓低勞工工資並延長工時的剝削作法,而鼓吹「修正資本主義」的路線,但進入 1980 年代後卻因為世界政治經濟情勢轉變,而迫使同友會的

---

[89]　蔡增家,誰統治日本?經濟轉型之非正式制度分析(台北:巨流,2007),頁198~203。
[90]　降旗節雄,日本經濟の構造と分析,頁104。

立場轉向市場原理主義，開始鼓吹開放日本市場國際化。[91]值得注意的是，同友會往往是培養新進企業家邁向經團連等更大組織的重要跳板，許多財界重要人士都在此踏出第一步，被稱為「財界中的智庫」，但近年來的同友會卻有逐漸式微的現象。

（二）日本商工會議所

另一重要團體為日本商工會議所（日商），其特點是目前財界團體中最早成立的特別認可法人，1928 年成立後歷經二戰仍保持不變，並且標榜公益性和可任意加入退出的民主性，雖在戰後一度附屬於經團連，但在 1952 年時由於和大企業為主的經團連明顯意見不合而獨立出來，因為日商主要由中小企業或是地方性企業組成，因此對於國內政策的立場與全國性或跨國企業有著明顯的利害關係。[92]因此日商可說是財界當中與經團連立場差異最大的團體，也說明日本財界內部的確和其他先進工業國家一樣，依照產業別的各自利益而有著不同聲音。

（三）日本經營者團體聯盟

第三個戰後以來的財界重要團體為日本經營者團體聯盟（日經連），在 1948 年為因應前一年通過的「勞動三法」（勞動組合法、勞動關係調整法、勞動基準法）而成立，企業的經營者們為了與即將形成的勞動組合（工會）相抗衡而聯合起資方力量，藉以確立經營權和勞資關係，直到 2002 年與經團連合併前的這五十幾年間，在多次的企業勞資糾紛當中，扮演了「從旁協助」的重要角色，以第三者的

---

[91]　菊池信輝，財界とは何か（東京：平凡社，2005），頁29~37。

[92]　同上註，頁76~83。

角色幫助勞資雙方達成協議，日本著名的終身雇用制就是在日經連的努力下所形成，使日本成功的避免了戰後流行的大型罷工浪潮。[93]但隨著 1990 年代終身雇用制的解體，以及勞資糾紛逐漸減少的情況下，日經連的主要任務消失，因此其存在的必要性也備受質疑，最後終於在 2002 年時併入經團連，而經團連也因此改名為「日本經濟團體聯合會」，戰後財界四大團體也變成了三大團體。

（四）日本經濟團體聯合會

而改名為日本經濟團體聯合會的經團連之所以能夠成為財界當中最重要的法人團體，主要原因在於其組成囊括了日本最重要的代表性企業，既有戰前便存在的三井、三菱、住友等舊三大財閥，更有戰後重整出來的芙蓉、第一勸業、三和等加入，成為包含了日本六大企業集團的巨大財團組織，而這六大集團的規模之大，因各集團內部都圍繞著其銀行進行母子企業間的交叉持股和融資投資，包含各轄下子公司的總體資本額占了全日本的 20.93%之多。[94] 除了規模上不容忽視之外，透過政治獻金和提供官僚退休後的空降地，經團連將經濟實力轉化而成政治影響力，得以在戰後日本的財界中占據主導地位。

經團連會長人選雖然一向出身於大型的企業集團，但主要任務更重要的是代表整個財界，尤其是必須超脫自己母企業，為大型企業集團們的共同利益向政府發聲。另一方面，成為會長後，就能和一般企業難以觸及的政府單位接觸，甚至是與首相直接面談，例如第八任會長豐田章一郎的四年任期內與首相會談了四十一次。[95]經團連會長的

93　菊池信輝，財界とは何か，頁57~67。

94　奧村宏，徹底檢証日本の財界──混迷する経団連の実像（東京：七つ森書館，2010），頁73~76。

95　古賀純一郎，経団連──日本を動かす財界シンクタク（東京：新朝社，2000），頁225。

影響力甚至能夠震撼日本首相寶座，例如第二任會長石坂一郎與日商會頭藤山愛一郎聯合要求當時的日本首相鳩山一郎下台，最終導致鳩山政府在 1956 年 12 月時總辭，[96]由此可以理解當經團連處於顛峰時期，與政府意見不合時，具有足以搖撼政局的強大力量。

　　整體而言，財界在政官財鐵三角當中的角色，主要是透過政府的各種審議會、有識者會議、臨時行政調查會等方式展現，在不同專門領域當中提供業界的專門知識，為政府政策提供建言，很多時候財界代表可以當上該審議會的主席，主導審議會的討論內容和具體的政策走向。[97]由此可知，財界在決策過程中，不僅僅是提供專業建言的角色，甚至具有一定的主導性質，能夠操作政策議題的走向，與官僚或政黨進行討價還價。

第二節　國家中心論

　　在以國內政治經濟途徑進行研究時，多會對於日本國內外重大政策轉折發生時，鐵三角彼此間的政經聯盟關係進行解釋，探討彼此的相互制約或主導地位等變化，若依照外交政策產出的主導性，可以將類似研究區分為強調國家中心論，以及強調社會中心論的兩種主要不同研究立場，這兩種論述方式代表了各自解釋政策產出時所偏重的研究對象，因此在之後文獻回顧中特別加以整理區隔並解析如下。為凸顯國家與社會關係的界線，本文不以傳統的多元主義、統合主義、菁

---

[96]　同上註，頁181。

[97]　奧村宏，徹底檢証日本の財界──混迷する経団連の実像，頁40。

英主義等模式對和日本政治模式相關之理論文獻加以區分，而是以跟
文獻所論及主要行為者所處的「位置」，界定其論點偏向以國家中心
或者是以社會中心，作為其解釋日本政治運作過程的傾向。

　　在此先將屬於「國家中心論」的文獻界定為，以國內研究途徑研
究日本政策產出的政治基礎時，以政黨主導、官僚主導或官政共同體
作為主要解釋模式的研究，因為這些研究取向幾乎只考慮政黨、官僚
這兩個行動者，認為社會因素並不足以成為主要行動者之一，此種研
究取向可見諸於許多專門研究「政官關係」的文獻當中。從政治模式
而言，這樣的研究取向多半將日本政治歸類為統合主義
（corporatism）的代表性範例，由代表日本國家的政黨、官僚為主
體，主動聯合社會上的利益集團，推動經濟發展，為後現代化發展國
家的主要經濟成長模式，國家有權力選擇和控制與之配合的社會團
體，並能決定可以進入決策過程的行為者，亦即國家在政治經濟決策
當中占據了絕對的主導地位。[98]在這一類的論點中，即使同意國家相
對於社會團體占據了絕對優勢，但是日本政治基於明治維新以來悠久
的文官體制，因而認為政策從屬於官僚本位者有之，也有認為戰後長
期是自民黨一黨執政，使得文官受到宰制的觀點，因此究竟在官僚或
者是執政的政黨兩者之間，哪一方能夠真正代表國家主導政策產出，
則仍有爭論，因此國家中心論的看法可分為「官僚主導模式」和「政
黨主導模式」兩大類。

---

[98] 村松岐夫、伊藤光利、辻中豐著，吳明上 譯，**日本政府與政治**（台北：五南出版社，2005），
頁62~64。

一、官僚主導模式

　　對於上述的政官之爭，包霞琴和臧志軍在研究歸納後，發現官僚優勢論者的基礎建立在從明治維新時代仿效普魯士的西方文官制度起，歷經法西斯軍國主義時期，再到戰後美軍統治日本之便等歷史因素，逐步的將文官制度強化到足以獨立運作的體制，而政黨優勢論者的立足點是 1970 年代以後「族議員」的出現，由於對應特定省廳的議員出現使議會專業化，並幫助執政的自民黨得以加強對官僚機構的監督，至 1980 年代隨著經濟起飛的顛峰期更是大大擴張了族議員反應特定社會利益並向省廳施展影響的能力。[99]他們的研究提示了日本政治的主導模式，乃由於不同時期的歷史因素而變化。

　　早在 1970 年代，Peter J. Katzenstain 等人就以統合主義的角度研究日本戰後經濟發展，從國內基礎解釋日本的對外經濟行為，他們的觀點就偏向官僚主導，理由是日本自民黨一黨獨大的五五年體制並不能夠保證對於技術官僚的控制力，包括可任命的政務官人數稀少，且在派閥鬥爭下任期短暫，無論在專業性或者決策能力上，都使得政治人物難以超越技術官僚，而只能進行官僚研擬政策法規完成後的議事追認動作。甚至相對於社會團體而言，官僚的優勢地位在戰後日本邁向現代化工業國家的過程中，亦占據了主要地位，他們認為當時的通產省主導了日本邁向出口導向，減少進口依賴，大量引進先進工業設備技術的經濟發展策略，而財界或產業界原本在美軍占領時，被反托拉斯的行政命令所限制，是通產省幫助他們得以逐步擴大，擺脫反壟斷限制，因此樂於配合通產省的經濟政策，並提供專業的資金技術等

---

[99]　包霞琴，臧志軍主編，變革中的日本政治與外交，頁122~140。

專業判斷。[100]因此，以他們的觀點而言，官僚是無庸置疑的戰後日本政治主導者，且有相應的政策手段配合，遂行其意志到社會團體上。

而肯定日本官僚主導外交政策模式的後續研究，幾乎都從上述觀點出發，論證官僚主導政黨、財界的方法之多，例如石原忠浩即利用對於日本 ODA 援助的實証案例，強調掌管外交決策的外務省和掌管財政預算的大藏省，兩省的相互協調是決定日圓貸款的關鍵決策單位，前者注重 ODA 作為外交工具的成效，後者注重的是 ODA 的使用效率，而政黨則相對不重視援助金額的議題，即使是實際的貸款執行單位國際協力事業團亦是官僚空降的主要地點，通常其歷代總裁皆由外務省出身者擔任，其他重要幹部也是來自其他省廳的調職者所擔任，以此確保這個半官方的組織能夠受專業官僚的指揮主導。[101]若綜合兩者的研究成果來看，從國內基礎的厚實到對外政策的制訂，都脫不出官僚的主導，因此在這樣的觀點下，財界僅處於被官僚宰制的地位。

二、政黨主導模式

在主張「政黨主導模式」的論點方面，村松岐夫可謂是代表性的學者，在他近期的著作中，把 1970 年起至 2009 年，民主黨結束自民

---

[100] T. J. Pampel, "Japanese Foreign Economic Policy: the Domestic Bases for International Behavior," in Peter J. Katzenstein ed., *Between Power and Plenty~ Foreign Economic Policies of Advanced Industrial States*(Madison: The University of Wisconsin Press, 1978), pp. 147~157.

[101] 石原忠浩，**日本對中共的經濟外交：ODA之研究**，政治大學東亞研究所博士論文（2004），頁155~158。

黨執政為止的這段時期的政官關係界定為「政官爭持型領導權」（政官スクラム型リーダーシップ），亦即長期執政的自民黨政權在經過1950、60 年代的經驗累積和磨合後，與官僚之間透過無數的內在規範形成了緊密結合的合作關係，並擴及官僚和民間團體之間，這樣的狀況直到 1993 年細川內閣主導的四大政治改革完成後才逐漸改變，但直至小泉內閣結束後，自民黨無人能夠延續這樣的政官關係而告正式崩潰。他引用委託代理模式解釋此政官關係，將執政黨作為委託人，官僚設定為代理人，官僚受託於政黨管理行政機構，但是在設定目標和最後結果之間必然因此存在著分歧，為求降低中間的交易成本，故雙方選擇彼此密切合作，兩者在妥協當中完成每個階段的任務目標。[102]因此他認為政黨才是主導日本國家方向的主要力量，且提出政黨取得了主導地位的證據在於 1962 年「赤松書簡」，其主要內容是要求各省廳的預算內容必須事先經過自民黨政務調查會和總務會認可，之後方得送閣議和院會討論，[103]亦即執政黨審查優先於內閣審查，以確保黨意得以在政策產生的最初就得到尊重和充分的黨內溝通。另外一個證據則是他透過三次對官僚的大規模問卷調查所得，從1975 年的第一次調查到 2003 年第三次調查之間，對於「以現代日本而言，下列何者（政黨、官僚、其他民間行為者）對於政策決定最有影響力？」的回答中，政黨從一開始就以 45%高過官僚的 41%，第二次兩者拉開到 49%比 41%，到第三次調查時的差距已經是 61%比21%之多，[104]因此由數據可見，官僚群體本身也越來越肯定政黨主導政策的現象。

---

[102]　村松岐夫，政官スクラム型リーダーシップの崩壊（東京：東洋經濟新報社，2010），頁6~9。

[103]　同上註，頁21~22。

[104]　同上註，頁35~36。

　　另一方面，在觀察日本對外決策過程中，村松也肯定的認為五五年體制下執政的自民黨，有著不遜於官僚的決策影響力，因為在冷戰後外交或安全保障等議題上的意識型態對立（保革之爭）縮小，朝野政黨間的政策距離也縮小，不論國會秩序如何因更加多元的政治過程而混亂，自民黨總是能在朝野政黨幹部協商下逐步恢復國會運作，且隨著日本經濟歷經衰退失落的十年後，掌管產業政策的官僚菁英的影響力大幅滑落，難再維持過去的主導地位，日本決策已改而朝向多元主義發展。[105]

　　反映在對外決策上，何思慎的研究指出日本正從官僚主導模式往政治主導模式過渡的趨勢，因為冷戰後美日重新定位安全保障同盟架構，無法依賴過往官僚的「前例主義」，因而必須有所突破，在1993年自民黨獨大的五五年體制崩解後，新的政治家更是勇於面對外交政策上的政治性議題，重新思考邁向正常國家、進入安理會等議題，小泉在 2001 年上台後實行的「構造改造」，徹底解構長期支持自民黨派系的官僚主導模式，先是將原本二十一個省廳大幅裁併為十二個，接著在駐外大使的選擇上，也排除過去必由外務省官僚擔任的慣例，將部分轉由「大使人士考選委員會」遴選民間人士出任，成功的從各種人事組織上削弱了官僚的主導地位。[106]從這方面而言，政黨主導論者的研究成果將官僚模式做出了檢討，並對政黨的角色重新定位，透過對於政黨政治工具的解析，證明政黨和官僚之間的實力是有所消長的。

　　最後一種國家中心論的模式為介於政黨主導和官僚主導之間的

---

[105]　村松岐夫，伊藤光利、辻中豊著，吳明上譯，**日本政府與政治**，頁97~106。

[106]　何思慎，「冷戰後日本外交決策的持續與轉變」，黃自進編，**近現代日本社會的蛻變**（台北：中央研究人文社會科學研究中心亞太區域研究專題中心，2006），頁748~755。

「政官合作模式」，主要案例為 1997 年亞洲金融風暴時，日本為了確認自身今後的自我定位，找尋解決因應對策，由自民黨政調外交調查會內下設國際經濟金融相關小委員會，並向海外派遣「東南亞經濟金融調查團」，1998 年 2 月初發前往新加坡、泰國、印尼和香港等地訪問，以前外務大臣山中太郎為團長，除包含六名國會議員之外，官僚方面派遣人數為外務省四名、大藏省二名、通產省、輸出入銀行、海外協力基金各一名，最後由此橫跨政界和官僚的共同調查下，以此調查團的名義做出了「關於東南亞金融通貨危機的緊急對策」的政策建議。[107]這代表的是政黨對於國際議題具有一定的敏感性，並且能夠適時納入官僚的專業知識，共同針對突發性事件做出調查和對應的政策，因此可作為政官合作模式的顯例。

綜觀國家中心論的研究，可發現其長處在於具備身後的歷史結構因素佐證，配合統合主義的理論途徑，將國家相對於社會，在決策核心的優越地位突顯出來。但問題在於，即便這些研究當中，部分亦承認政界、官僚、財界所組成的鐵三角為日本政治的決策峰層，但普遍僅強調政界或官僚的主導性，對於財界著墨不多，若財界僅為選舉時為政界提供資金的「錢包」，或者官僚發展經濟政策的「生產工具」，那如何能夠成為和另外兩者相提並論的鐵三角之一？更遑論在日本政治中出現過許多政治爭議中，尚有其他的社會利益團體會在許多議題中發揮其影響決策的能力，例如醫師會、農協等民間團體，若是忽略這些社會團體在社會議題當中的地位，則恐怕難以對於日本政治過程進行完整的描述和解釋，因此以下有必要介紹以社會中心論為主要研究途徑的研究文獻。

---

[107] 外交政策決定要因研究會編，**日本の外交政策決定要因**，頁92~93。

第三節　社會中心論

　　社會中心論有別於國家中心論之處，在於不以國家機器內的政黨政治、文官體制或體制內正式制度作為最重要的觀察依據，而是強調非國家行為體在參與政策過程中的主體能動性，並在冷戰後國家權威下降的趨勢下，社會中的非國家行為者將更能夠在決策中發揮影響力。[108] 從社會中心論的研究文獻當中，可以看到多元主義（pluralism）模型的應用，在各個壓力團體之間存在分歧，政治菁英之間也因為背後所依附的不同壓力團體而必須在政治議題上進行競合。

一、多元主義論

　　與重視政官關係的研究不同，許多從多元主義途徑進行的研究顯示，日本自 1980 年代起，政策制訂的過程已逐漸面向社會並多元化，例如松本圭一認為日本決策從原本「官治集權型」往「自治分權型」演進，所謂官治集權型的決策過特色在於以封閉的官僚體系為主體進行政策制訂，官僚挾獨有的專業知識自重，建立自身不可侵犯的威權形象，政策過程主要再政黨和官僚兼的封閉體系內進行協商，但是這樣的狀態在日本經濟國際化程度提高，以及爭取情報公開的地方、議題型市民團體增加，且醫生、律師等專家團體亦紛紛發揮了各自在政策過程中的專業影響力，使得官僚的能力不再是獨占的「秘

---

[108] Susan Strange, *The Retreat of the State: The Diffusion of Power in the World Economy* (Cambridge : Cambridge University Press, 1996), pp. 12~15.

術」，被迫在各部同領域和社會團體進行溝通，在多元參與的情況下制訂新的政策。[109]

　　另一種觀點則是從各種政治聯盟的角度對多元論給予支持，加藤淳子從 1970~80 期間的日本年金制度改革、醫療保險制度改革和稅制改革等三項個案研究中發現，官僚本身即屬具備有專業能力，仍然必須尋求執政黨內具有領導權的政治人物或部分派系支持，方得以順利完成政策推行，並不如官僚優越論者所說的那麼輕易可一手遮天，且即使是在長期執政的自民黨內部，年輕議員和資深議員的立場不一致時，也會造成各自尋求獲勝聯盟的情形，例如醫療保險制度改革的過程中，日本醫師公會等專家團體和在野黨結合，也對官僚和執政的聯盟造成了抗衡作用；[110]而在 1987 年賣上稅改制期間，年輕議員結合民意挑戰和官僚站在一起的資深議員，因此官僚和政治人物之間的聯盟關係是多變的，故由這幾項案例中得出的結論是，政黨未來在聯盟當中可以選擇和官僚或是民間利益團體合作，而不只是依賴官僚，專門家團體和利益團體有能力打破官僚的政策知識壟斷，並進一步擴張對於政策的影響能力。[111]同樣對於賣上稅改革事件，其他從政經聯盟途徑研究的觀點，則更細緻的把對立點呈現出來，認為這次事件除了造成官僚內部的通產省和大藏省間對立外，在民間也造成了分歧，代表大型企業利益的財界和中小企業、物流業間的對立，因為賣上稅將避免對大型製造業的直接課稅，而會轉嫁到消費者身上，但是

---

[109] 松本圭一，「日本の政策課題と政策構成」，日本政治學會編，**政策科学と政治学(年報政治学 1983)**（東京：岩波書店，1984），頁198~206。

[110] 加藤淳子，「政策知識と政官関係──1980年代の公的年金制度改革,医療保険制度改革,税制改革をめぐって」，日本政治学会編，**日本政治学会年報政治学(1995)**（東京：岩波書店，1996），頁121~122。

[111] 同上註，頁131~134。

物流業和中小企業卻擔憂這樣的稅收將會影響零售買氣，因此分別結合了各自立場相近稅制族和工商族議員展開政治鬥爭，此賣上稅案事件最終以廢案坐收。[112]故從此賣上稅改制事件可以看到官僚、政黨、民間團體三者間，在政策議題上所形成的政經聯盟對立情境，也展現了日本政治決策過程中行為者的多元和活動能力。

除了代表工商企業利益的財界四大團體以外，尚有勞工利益集團、農業利益集團、專家利益集團、公眾性利益集團等四種社會壓力團體，但最具政治影響力的當屬勞工和農業兩類壓力團體，首先在勞工利益集團的部分，1989 年集結多個勞工團體所成立的「日本勞動組合總聯合會」積極參與各項政治議題，並在實際的政治行動上支持左派的社會、民社兩黨，對於 1993 年七黨一派聯合瓦解五五年體制功不可沒，隨後在 1994 年的社會調查中還超過財界的經團連和日商，成為最具影響力的社會團體第三名。[113]其次，1948 年成立的「日本農業協同組合」是日本最大的農業和農民團體，具有強大的整合能力，具有分配政府補助的農業補助金、壟斷農產品流通等實權，還有嚴密的中央地方組織階層，並能夠顧及農民的產銷、信貸、保險等多種業務，因此在農村地區的影響力龐大，在農村地區選區的議員接因為必須與農協緊密合作才有當選希望，故被稱為「農林族」，農林族議員的政策回報即在國會內作為農協的代言人，支持保護農業，抵制開放的農業政策。[114]故綜合而論，社會壓力團體能夠經由選舉過程進入政策影響圈，尤其是所支持的族議員能夠在國會內占有舉足

---

[112] 岩井奉信、曾根泰教，「政治過程議會役割」，日本政治学会編，**日本政治学会年報政治学 (1987)**（東京：岩波書店，1988），頁162~165。

[113] 王新生，**現代日本政治**（北京：經濟日報出版社，1997），頁53~55。

[114] 同上註，頁56~59。

輕重份量時，更是如此。

二、財界優勢論

　　以社會中的民間力量為軸心，進行政策研究的觀點當中，這派認為最能夠代表日本社會中發揮政策影響力的非國家行為體，非財界莫屬。而財界之所以能夠在日本的鐵三角決策體系中占據其一，可以從歷史發展沿革和企業間的橫向組織能力兩方面來解釋。首先，以戰後歷史發展而言，日本二戰後被美軍占領期間的財界，由於過往支持軍國主義且基於其壟斷性質，戰前四大財閥被迫解散，盟軍總部頒布「財閥解散令」，使財閥內部各自獨立成為的新企業，但在韓戰開始之後，美國為了將日本做為前線後勤基地，逐漸開始鬆綁，使戰前就存在的大財閥得以重新復活，成為了日本經濟發展的主要角色，具體表現在三方面，如經濟同友會扮演著「財界參謀本部」，對官僚和財界提出經濟建言，其事務局長鄉司浩平就被稱作「財閥指導者」；經團連也重拾了「財界世話業」（即財界中的保險業）的角色，當中的日本銀行乃是重要的企業資金來源，為日本企業發展提供大量的資金援助、融資信貸，其重要地位不言而喻；第三個面向是財界與政治以新的形勢緊密結合，例如長期擔任經團連顧問的日本銀行總裁一萬田尚登，在 1955 年被鳩山內閣起用，作為財界的代表成為自民黨政府藏相，另外原任電源開發總裁，後來開啟中日貿易大門的高崎達之助，也進入鳩山內閣成為經濟審議廳長官。[115]可見戰後日本財界復

---

[115] 松浦正孝，財界の政治経済史──井上準之助·鄉誠之助·池田成彬の時代（東京：東京大學出版社，2002），頁214~224。

甦以來，就立即從經濟政策、資金援助、進入政界等各方面逐步提升其影響力。

其次，日本的財界之間的橫向連結緊密，因此可以產生團結的政策影響力，他們透過「經連」的交叉持股方式，縱向維持各財閥集團內部的企業團結，而橫向的方式可分為企業間的交叉持股、銀行與企業交叉持股兩種方式，一方面可以讓彼此關係穩定，二方面又能夠維持資金來源；而在私人的管道上，各財閥集團的內部多半維持家族統治，而財閥彼此之間亦有定期聚會的「社長會」，用以在「財閥解散令」之後繼續維繫各集團企業之間的共事關係，[116]顯見公部門的強制命令，並不足以徹底打破具歷史血緣傳統的財閥網絡。

財界最能夠發揮影響力的手段是政治獻金，日本的內閣制造成倒閣和解散國會頻仍，即使五五年體制下自民黨一黨獨大，但由於自民黨內部派閥鬥爭，使得黨內權力板塊動盪，選舉頻繁，因此需要更多的資金來面對多次的眾議院選舉，個人難以獨自應付如此頻繁的選舉開銷，加上日本注重禮物交換（gift exchange）的互惠關係，派閥領袖手中掌握資源，用以金援旗下議員選舉所需，拉幫節派以鞏固其一方派閥地位，這種上下施恩換取支持的關係又稱「親分子分」，派閥領袖和旗下一員之間如同類似家庭中的親子關係，[117]因此派閥領袖往往必須和背後金主，也就是財界保持良好的政商關係，例如田中角榮即為日本金權政治的佼佼者，在他擔任郵政大臣任內，成功保護全

---

[116] Harold R. Kerbo , and John A. McKinstry, *Who Rules Japan? The Inner Circles of Economic and Political Power*, pp. 63~75; Mathuba Masafumi, *The Contemporary Japanese Economy: Between Civil Society and Corporation~Centered Society* (Tokyo: Springer-Verlag Tokyo, 2001), pp. 81~85.

[117] Arika Kubota, "Big Business and Politics in Japan, 1993~95," in P. Jain and T. Inoguchi ed., *Japanese Politics Today*(New York: St. Martin's Press, 1997), pp. 138~141.

世界最大的金融機構──「日本郵政公社」不受監督的自行發展，郵政單位的回報即最大限度的支持自民黨的候選人，尤其是田中派議員的競選資金借貸，並且為他們組成地方後援會，從人脈上鞏固選舉地盤。[118]由政治獻金一點，即可看出政商關係運作的金權政治是多麼的盤根錯節，能夠將財界的影響力深深打入政治人物的競選生態和政策回報當中。

　　從實際的案例上來看，財界甚至有能力促成原本政府所不作為或無能力突破的外交政策，例如在 1972 年日中關係正常化之前，先以民間經貿關係積極推動兩國重建民間層級交往的是日本經濟團體，同時也是首批從正常化當中得到實質利益的行動者，因為有 1962 年廖承志和高崎達之助所簽訂的「中日長期綜合貿易備忘錄」為基礎（又稱 LT 貿易），才能開啟中日兩國長期穩定的民間貿易基礎，使得雙邊貿易關係不僅限於中小企業，而是讓財界等大型實業團體得以直接和中方接觸（如高崎中代表團內包含了全日本航空運輸株式會社社長岡崎嘉平太、日本鋼鐵聯盟代表吉崎鴻造等重要人士），並從此互設經貿辦事處，[119]搶先在日中關係正常化之前，幫助中日雙方設立以民間為名義的聯絡處，打破當時兩國政經分離的隔閡，為之後 1970 年代的一連串政治經濟破冰互動，打下了重要的基礎。

　　從 Saadia M. Pekkanen、李恩民等人的研究指出，1970 年代確實是中日經貿關係的重大轉捩點，由於日中關係受到中美關係破冰的刺激而加速了雙邊關係正常化的完成，[120]首先在政界方面，是 1971 年

---

[118] Patricia L. Maclachlan, "Post Office Politics in Modern Japan: the Postmasters, Iron Triangle, and the Limits of Reform," *Journal of Japanese Studies*, Vol. 30, No. 2(Summer 2004), pp. 281~313.

[119] 李恩民，中日民間經濟外交（**1945~1972**）（北京：人民出版社，1997），頁286~294。

[120] 1971年4月中美展開乒乓球外交、1971年7月美國國務卿季辛吉秘密訪中。

10 月日中友好協會直接以「恢復日中邦交國民會議代表團」的名義
訪問中國，接著 1972 年 3 月日本社會黨、公民黨、日本工會評議會
聯合召開了「實現日中復交國民大會」，自民黨五大派閥之一的三木
派首領三木武夫更親自訪中，承認中國所提的「中日復交三原則」，
強力批評當時佐藤內榮作閣的中國政策；財界方面則先在 1971 年 9
月由大阪商工會議所會長佐伯勇為團長，關西經濟聯合會副會長為副
團長所率領關西五大經濟團體的「日本關係經濟界代表團」訪華，後
有東京電力會長木川田一隆、新日本製鐵會長永野重雄、富士銀行會
長岩佐凱實和日本精工社長金里廣巳等身兼財界四團體重要幹部的關
東財界代表團訪華，[121]表現出財界四團體也對於改善日中關係的積
極性。在經濟方面，中日之間政治上的和解也使得日本官方有辦法回
應民間經貿團體多年來的要求，推動正式的經貿往來，於是在 1974
年第一次由中日官方簽訂了正式的「中日貿易協定」，賦予對方最惠
國待遇並奠定了往後的貿易發展方向，當然在這當中雙方各有盤算，
中國方面想要獲得日本的先進工業科技，日本方面則是在歷經 1973
年二次石油衝擊後，找到了又近又便宜的能源來源，並看好中國廣大
的未開發市場，[122]促使雙方完成了先政治後經濟的破冰過程。

第四節　小結

在以上文獻中可以發現社會團體的確透過了政治結盟的方式，在

---

[121] 徐之先主編，日中關係三十年（上海：時事出版社，2002），頁16~18。

[122] Saadia M. Pekkanen, *Japan's Aggressive Legalism: Law and Foreign Trade Politics Beyond the WTO* (California: Stanford University Press, 2008), pp. 131~133.

鐵三角內影響了決策方向發展，政治能量分散在政界、官僚、社會團體間，由不同的政治議題當中的利益考量，使得每次彼此之間的結盟互動關係有所不同。國家中心論當中的政黨主導或是官僚主導論，都未能夠完整的納入決策過程中的行動者，將決策簡化成單一行為者主導的分析模式，如此的好處是能抓出在不同時空背景下最重要的行為者，但缺點在於過度簡化或是輕忽其他行為者的制衡能力。或許在個別歷史事件當中會有強勢的行為者足以單獨決定政策走向，但筆者不認為這樣的現象是日本政治模式的常態。由各種文獻回顧的呈現結果來看，日本政治決策的主導者並非主張單一行為者主導的國家中心論可以涵蓋的，隨著日本的政治決策模式逐漸遠離五五年體制邁向多元化，更是使得國家中心論捉襟見肘，即使外交政策領域一直被認為是高度政治性的國家層級議題，但日本經濟外交政策卻是必須結合民間經濟團體的專業性，才能在資金運用或技術發展上，真正對於受援國有所幫助。因此以本文所探討的政策領域而言，國家中心論並不能完全符合分析上的需求。

另一方面，本研究認同社會中心論的立場，期望能夠不只是在後續研究中將日本決策鐵三角中的財界地位提昇，還希望能夠在特定議題上釐清國家以外的社會利益團體的積極參與程度，對於過往強調國家中心論的日本研究傳統有所補充，故本文傾向用此種途徑觀察日本對中經濟協力的過程。但社會中心論當中的財界優勢論在五五年體制崩解後受到了挑戰，原因在於前述財界與一黨獨大時代的自民黨間的關係變化，因此財界在議題主導性上，也被迫得面對其他多元體系內其他非國家行動者的競爭，尤其是在面對大眾傳媒所引領的社會輿論時，財界的聲音即使仍然具有影響力，但其聲量難以與過去相比擬。因此社會中心論可說是從財界優勢論過渡到多元主義論的過程當中，

甚至在特定議題上可能已經處於多元主義的階段了，這點必須再進一步的從不同領域議題的個案來作觀察，很難斷言將此和整個當前日本政治運作模式一概而論。

為了要兼顧日本政治文化的特殊性，故有必要借用既有的政官財鐵三角模式作為分析架構的基礎，但國家之外的社會行動者的重要性亦必須考量在內，因此有必要對於傳統的日本政官財鐵三角模式進行修正，並且在社會行動者的部分，納入除了財界之外，其他對於日本對外政策有所影響的分析對象。而本文將依照日本對中國 ODA 的歷史脈絡，加入大眾媒體、學者專家等非國家的角色，藉以反映出日本政策決定模式逐步走向多元性。既有的政官財鐵三角模式也因此而必須要有所演化並隨之修正，從具有可重組性的開放式鐵三角模式切入，對於日本的對外政策進行分析。

下一章將以開放式的鐵三角模式，對於日本的外交政策過程和對中國政策進行分析，主要焦點在於前述的政官財鐵三角如何影響日本整體的外交政策變化，他們組成的政治經濟聯盟又如何受當時的冷戰格局所影響；另一方面，日本的對中國政策跟隨著對外政策而變化，但基於日本民間，尤其是財界的特別影響力，而促成日本得以先一步突破冷戰格局，向還在社會主義陣營的中國跨出破冰的第一步，這些都是可以採用政官財鐵三角加以分析之處。

第三章　日本外交戰略與對中政策[123]

　　本文所研究主軸之對中日圓借款屬於日本的中國政策之一環，而日本對於中國的政策又是總體外交政策考量下的一環，隨著當時的世界格局而有所變化，例如 1972 中日之間能夠完成關係正常化，也與當時美國的對中政策轉變有關。故有系統的形容日本外交戰略、對中政策、對中政府開發援助這三者間的關係，乃是依序由上而下且環環相扣的，上位政策制約著下位政策，故有必要在直接探討對中有償借款前，於本章將本文研究目標的上位政策背景先行做出整理。本章以下小節將以第二章所修正之政官財鐵三角模式，作為分析日本政治經濟聯盟變化的理論架構，概述並分析日本整體對中政策之演變，第一節概述 1972 年促成日中關係正常化之背景，接著以冷戰結束作為區分日本對中政策的第一個分水嶺，第二節則是論述冷戰結束後到 2005 年決定終止有償借款前之對中政策，第三節探討對中 ODA 如何受到對中外交政策之影響。

第一節　1972 年日中關係正常化後日本對中政策演變

　　1972 年中日雙方建交之後，直到 1990 年代東西方冷戰結束為止，這中間將近二十年的時間中，日本經歷了田中角榮、三木武夫、

---

[123] 本章部分內容曾發表於**國家發展研究**，第十七卷一期（2017）。

福田糾夫、大平正芳、鈴木善幸、中曾根康弘、竹下登、宇野宗佑、
海部俊樹等首相，本節將這段期間區分為 1970 和 1980 年代二部分，
介紹這段期間的重要領導人及其政策，並以政經聯盟的變化加以分
析。

一、1970 年代日本對中政策

　　1972 田中角榮上台後試圖推動「多邊自主外交」，目的在扭轉
自二戰以來與美國之間的「主僕關係」，企望美國因此承認日本作為
對等盟友的「夥伴關係」，故急欲促進與中國之間的關係正常化，建
立起二國冷戰以來所未曾有過的正式外交關係和經濟合作關係，從而
使得日本與美國、中國之間形成等邊三角形態勢的「等距外交」。其
實田中角榮在尚未就任首相前，即曾委託當時最大反對黨日本社會黨
的前委員長佐佐木更三以及公民黨委員長竹入義勝分別訪中，為中日
之間建立起非正式溝通管道，替將來弭平雙方歧見並邁向正式建交鋪
路；而在田中角榮就任首相，安排前往中國之前，也很務實的先前往
美國取得諒解，並在發表美日聯合聲明取得支持後，才進行前往中國
的訪問行程，就雙方正式建交一事展開磋商。[124]而從美國方面來
說，之所以願意打破韓戰以來的對峙局面，並給予日本充分的理解和
支持，主要是因為當時美國總統尼克森及其國務卿季辛吉，認為必須
取代過去的圍堵政策，而以更符合國家利益的方式運作外交政策，於
是開始思考以交往代替圍堵，而 1969 後中蘇決裂就提供了美國展開

---

[124] 何思慎，擺盪在兩岸之間：戰後日本對華政策（1945~1997）（台北：東大圖書，1999），頁
84~87。

交往政策的突破口，故在 1971 年時派季辛吉密訪中國，使雙方的官方接觸正式破冰，日本見到美國已走上了和解交往的道路，當然不願意落於其後，於是加速了日中關係正常化的腳步。[125]

在田中角榮力促中日雙邊正常化之前，中日雙方始終對於中國政府合法代表權、反霸條款、中日和約等問題有歧見，但都在逐步協商和相互讓步當中得到克服，在雙方共同創造外交利益的良好氣氛下，盡速完成這次重要性的歷史任務，於中國方面是得到了在中蘇交惡和文革期間的重要外交突破，於日方來說則是取得與美國平起平坐的外交籌碼，藉以證明有能力先於美國拉攏中國，獨立完成外交破冰，所以在雙方各取所需的情況下，共同跨越亞洲地區冷戰氛圍而得以在 1972 年成功建交，並簽訂「中日聯合聲明」。

若從「一個中國」的原則或政策的角度切入，學者何思慎教授的觀點認為，此聯合聲明的簽訂，代表了自此以後，日本對中國的政策與對台政策的區隔，意即將原本因為合法政府的承認問題，以「政經分離」的方式對待中共政府，但在聯合聲明中改承認其為唯一代表中國的合法政府後，其政經分離的手法就變成適用於對台政策，與台灣持續以經貿關係的方式維持雙邊交往。[126]也有學者認為，日本自從 1972 年「中日聯合聲明」中提及基於《波茨坦宣言》第八條而「完全理解並尊重」北京的一中立場後，一直保持模糊甚至是沒有立場的態度，從而使得中日雙方得以取得更多的互惠友好空間。[127]

---

[125] 添古芳秀，「米中和解から日中国交正常化へ—錯綜する日本像」，石井明、朱建榮、添古芳秀、林曉光編，記錄と考証　日中国交正常化——日中平和友好條約締結交渉(東京：岩波書店，2003)，頁335~337。

[126] 何思慎，擺盪在兩岸之間：戰後日本對華政策(1945~1997)，頁93。

[127] Chaewon Lee & Adam P. Liff, "Reassessing Seoul's 'One China' Policy: South Korea-Taiwan 'Unofficial' Relations after 30 Years (1992-2022)," *Journal of Contemporary China*, September 14

　　1974 年起，為落實聯合聲明的內容，中日雙方開始就「中日和平友好條約」進行協商，但有主要問題橫亙在雙方之間，即關於是否將中共政府提出的「反霸」條款納入友好條約的問題。因為反霸在中共的戰略中是同時包含了對蘇和對美，這違反日本與美國間的盟邦利益，而且也會受到蘇聯方面的抵制，這都不是日本政府所希望的。這樣的情況自 1974 年起就僵持不下，在美日雙方各自努力下使得僵局得以打破，一是日本福田起夫政府的上台，其次是美國對於中美關係正常化的努力。[128]在日本方面，1976 年福田政府主張以「聯美、親中、抗蘇」為核心的「福田主義」全方位外交政策，因此對於簽訂和平友好條約的態度轉趨積極，竭力拉攏中共政權以防中蘇關係和解；而在美國方面，1978 年時，美國為了建立和中國的外交關係，特別派遣國家安全顧問布里辛斯基（Zbigniew Brzeinski）訪問中國，召示中美關係即將展開自韓戰以來的最重大外交轉折，並由當時的卡特總統公開表明支持締結中日和平條約，顯示美國對於拉攏中國的政策予以肯定。當然在美日努力之外，中共的官方立場在 1977 年鄧小平復出後也有了決定性的改變，在外交政策上更趨於務實而能夠較文革時有彈性，[129]故最終得以在雙方妥協下，於 1978 年簽訂「中日和平友好條約」，並淡化原本的「反霸條款」，以不刺激蘇聯的「不影響締約各方和第三國關係」方式闡述，且保證中日雙方皆不尋求在亞太和其他區域尋求霸權。[130]由此可見在雙方簽訂和平友好條約之前，

　　2022, pp.13~15.

[128] 包霞琴、臧志軍主編，**變革中的日本政治與外交**(北京：時事出版社，2003)，頁270~271。

[129] 山本信行，「日中平和友好条約の締結—『反霸権』をめぐって」，小島朋之編，アジア時代の日中関係(東京：サイマル出版，1995 年)，頁82。

[130] 何思慎，擺盪在兩岸之間：戰後日本對華政策(1945~1997)，頁97~99。

日本對於中國的政策立場是加強雙邊關係，以拉攏中國作為抵抗蘇聯的籌碼，而且在美國的背書下得以積極落實，使得日本對中國政策得以在符合美日共同利益的情況下進行調整。另一方面，對於中國來說，雖然二次世界大戰時日本入侵造成數百萬中國人的傷亡，且由於政治原因，日本未對此提供任何賠償引發中國民族主義情緒的憤怒和仇恨，但在中國啟動改革開放的過程中，日本的資金和技術支援是重要的因素，因此中國政府決定暫時擱置了這些歷史問題。[131]

　　中日和平友好條約協商是幾乎跨了整個 1970 年代的中日交鋒事件，並且與當時的日本整體外交政策連動，當時的政官財鐵三角也在這樣的事件當中相互角力，如財界的代表就紛紛呼籲，經團連當時的副會長稻山嘉寬表示：「石油如同國家的經濟血脈，為了石油供需的長期安定著想，應明確的解決日中友好條約中的反霸權條款，盡快締結條約。」，[132]而當時的會長土光敏夫也向媒體喊話：「外交是由政府負責，但是經濟界也有自己的見解。日中關係應該以好地發展下去。應該盡快締結友好條約。」，[133]但執政的自民黨內部卻面臨了親中派和親台派的意見紛歧，尤其是親台議員從田中政權起，歷經三木和福田等首相都持續不斷抗爭著，大大增加最後拍版定案的困難度，最後總算是在親中派以及財界利益一致的情況下，讓當時的福田首相能夠跨越國內阻力而完成締約。

---

[131]　Chihlung Dan, "Retrospect of and Prospects for Taiwan–Japan Security Cooperation," Fu-Kuo Liu, Dean Karalekas and Masahiro Matsumura ed., *DEFENSE POLICY AND STRATEGIC DEVELOPMENT-Coordination Between Japan and Taiwan* (Singapore: World Scientific, 2021), p.110.

[132]　若月秀和，「平和友好条約締結から交渉対中円借款の供与へ一九七四—七九年」，若月秀和、高原朋生、服部龍二編，日中關係史1972~2012 I政治(東京：東京大學出版社，2012)，頁111~116。

[133]　徐之先主編，日中關係三十年(北京：時事出版社，2002)，頁88~89。

二、1980 年代日本對中政策

　　日本首相中曾根康弘在位的五年期間（1982-1987），是日本於
1980 年代最為重要的時期，他提出「由經濟大國邁向政治大國」的
口號，更進一步的從「追隨外交」轉為「自主外交」，整體外交政策
也更強調要在國際社會上嶄露頭角，真正成為與其經濟實力相應的政
治大國，確立有國際地位的日本。[134]中曾根康弘的重要性在於其外
交政策的承先啟後，上承 1979 年大平正芳的「綜合安全保障」政
策，又啟發下一任竹下登首相提出「為世界作貢獻」，持續落實邁向
政治大國的步調。中曾根康弘的智庫「和平研究會」提出「國際國家
日本的綜合安全保障政策」報告，將日本在國際社會上的行動原則提
升到新的層次，以美日關係為基礎，以西方同盟的一員為己任，積極
促進軍備管理和裁減核武，維持東西方關係的穩定；而在亞太戰略，
也將與中國、東協和南韓等國的關係列為關係到亞太地區未來發展的
重要課題。[135]日本當時對於國際地位提升的追求，其信心主要來自
於 1980 年代日本經濟能力的雄厚基礎，日本當時已取代美國成為世
界最主要的資本輸出國，且在 1986 年時成為全球最大的債權國。因
此中曾根康弘有充分的自信，一反過去吉田茂以經濟發展為主的「經
濟現實主義」，改採「政治現實主義」，以其經濟實力為後盾，擠身
世界多極化格局當中的一極，與美、歐、蘇一同共管全球事務。[136]

　　1982 年中國國務院總理趙紫陽赴日訪問，這是日中關係正常化
十周年的紀念活動，同時也在此時提出要在之前的聯合聲明和中日和

---

[134]　包霞琴，臧志軍主編，變革中的日本政治與外交，頁268。
[135]　何思慎，擺盪在兩岸之間：戰後日本對華政策(1945~1997)，頁114。
[136]　同上註，頁111~116。

平友好條約的基礎上持續發展雙邊經貿關係，並向日本提出和平友好，平等互利與長期穩定等三項基本方針，且被列入中共十二大報告中，成為中國對日外交的基本原則，還稱「日中關係正常化以來的十年間，兩國確立了和平友好的政治關係和平等互惠的經濟關係」。[137]而這帶給當時日本鈴木善幸內閣的訊息是，中國期望日本能夠幫助中國提供有利經濟發展的外在條件，而日本也樂於配合，並以穩定的經貿交流深化雙邊友好發展，藉以維持中國的穩定，而這正是最有利於東亞區域和平的關鍵，從鈴木首相提到：「中國面向何方，對西方的安全保障具有重要意義。」就可以理解。[138]

從政官財鐵三角模式加以解析 1980 年代的日本對中政策，這時期的政官財鐵三角模式在 1989 年天安門事件中，可看出彼此在步調一致的情況下，有能力抵抗國際環境的制約。在這個案例中，日本宇野政府在六四事件發生初期，還以「與中國有過戰爭關係」、「不干涉內政」為立場，不對此事件予以譴責，僅對當時中國駐日大使楊振亞表示「人道關懷」的立場，而外務省方面也以「ODA 為兩國既有約定」為由而繼續維持，直到 6 月 20 日美國進行第二次制裁的發表後，日本政府才匆匆跟上西方國家腳步，宣布凍結 ODA 中無償援助的貸款。[139]官僚內部此時是有分歧的，重視與西方國家關係的北美局和主導對中政策的亞洲局之間，對於第一時間採取何種強度的態度不一；[140]在財界方面，他們並不希望因為日本政府跟著西方國家抵

---

[137] 田中明彥，日中關係1945~1990(東京：東京大學出版社，1991)，頁115~116。

[138] 徐之先主編，日中關係三十年，頁139~140。

[139] 三宅康之，「六・四（第二次天安門）事件一九八九—九一年」，若月秀和，高原朋生、服部龍二編，日中關係史1972~2012 I政治，頁236~238。

[140] 小竹一彰，「天安門事件と日中外交——現代化の鏡としての日本」，小島朋之編，アジア時代の日中關係，頁130~131。

制中國，進而阻斷了雙邊正處於高峰的經濟貿易交流，而日本政府也處在西方國家和中日友好的兩難之中，畢竟雙邊關係到 1980 年代的友好程度實屬不易，因此日本政府雖然第一時間仍然配合了西方國家做了譴責，並宣布暫停日圓貸款，但實際上仍是很務實的努力在 G7 高峰會等各種國際場合幫中國「疏通關係」，並且在 1991 年時透過海部俊樹首相訪中，成為第一個打破六四事件後孤立狀態的西方國家領導人。

日本從 1972 年日中關係正常化至 1991 年冷戰結束為止期間的日本對中國政策，趙寶煦教授將之歸納出三個主要特點：[141]

1. 以經濟合作為基礎：他認為中日雙邊的外交關係是靠實質的經貿關係所維繫，日本的經濟援助及時出現在中國改革開放初期，再加上雙邊貿易條件互補的有利環境，使得雙邊經濟、貿易、技術等合作關係越趨緊密，遠本為了拉攏中共政府的經濟手段，甚至反過來成為雙邊政治關係的地基。

2. 聯中抗蘇：在冷戰氛圍下，日本作為資本主義陣營的一員，成為同時直接面對蘇聯和中共的最前線，當中蘇交惡的契機出現時，不難想見日本拉攏其中一方的舉動可以紓解此區域內的敵對壓力，而在美國為首的西方陣營內，勢必要以對抗共產集團首腦的蘇聯為優先，故完成日中關係破冰甚至建立起正式邦交，就是極其自然的戰略選擇。

3. 受美蘇因素制約：承續第 2 點，對中共的交往戰略屬於美國對蘇聯圍堵戰略的一環，在美國在背後下指導棋的情況下，日本得以

---

141 趙寶煦，「二十一世紀中國對日政策芻議」，李玉，湯重男主編，二十一世紀中國與日本(北京：北京大學出版社，1996)，頁209。

率先走出與中共政權交往的第一步，總體目的都是為了延續冷戰時對於蘇聯的全面圍堵，日本作為美國於亞洲的代理人，進而展開了追隨美國戰略，但又符合日本外交利益的外交政策，然而再怎樣符合其利益，當初日本之所以能夠走出這一步，還是因為先得到美國的同意，故在日中關係進展的背後，仍然是受到了美蘇因素的制約。

從以上三特點可以看出，日本於冷戰時期的對中國政策服膺於美國為首的總體戰略之下，或說是被國際體系氛圍制約，而經濟合作乃是促使雙方政治關係進展的實質手段，並包含了複雜的二戰歷史因素和區域地緣政治利益在內，這使得日本的對中政策不能僅從冷戰陣營對抗或是中日重修舊好等單一面向去解讀。

從 1972 中日雙方關係正常化到冷戰結束為止，這段期間可說是雙邊的蜜月期，即使有二次教科書事件、光華寮事件、參拜靖國神社爭議、六四事件，但這些並不影響日本持續以交往代替圍堵的政策對待中共政權，反而一次次的加碼 ODA 中有償借款的範圍和金額，深化雙邊的經貿關係。且考量到客觀的經濟實力對比，中國整體還處在改革開放初期，光是要恢復到文革前的生產力就已經窮盡了改革派的一切努力，更別說要威脅日本在此區域經濟中的領頭地位，而在軍事上，雙方有這更大的共同敵人——蘇聯，因此無論在經濟上或軍事上，都有合作的堅實基礎，挑動民族情緒的偶發事件無法動搖具有共同利益的雙邊關係。而六四事件日本政府的折衷處理方式，是這時期時政官財鐵三角互動的縮影，代表了雙邊關係在 1980 年代處於最高峰時，政治經濟都有足夠的誘因，刺激各行為者朝向有利於維持雙邊關係的政策方向執行，並且在緊密的聯盟關係下，得以擺脫當時國際社會一面倒對於中國的譴責和孤立，走出自己的對中政策。

第二節　冷戰後日本對中政策轉變

一、1990 年代日本對中政策

　　而在冷戰結束後，世界格局不再是二極世界，日本也因此對自身的外交戰略做出了更新的調整，並且連帶影響了對中外交的政策以及雙邊關係。例如在 1992 年，當時的宮澤喜一首相主導通過「聯合國和平維持和作法」（PKO 法案），目的是擺脫波灣戰爭時被美國批評只出錢不出人，只懂坐享其成的國際形象，為派遣自衛隊赴海外參與聯合國維和部隊的行動，提供了法源依據，這代表日本積極參與國際事務的決心，也代表日本不再甘於僅扮演在背後出錢的二線角色，甚至開始試圖挑戰和平憲法的束縛；此法案之所以能夠通過，還有一個主要原因為財界的支持，被稱為「財界中的智庫」的經濟同友會在該法案提出期間，也以「日本的方針」（日本の針路）作為響應，支持派遣自衛隊前往海外進行維和任務，使得在當時執政但支持度不高（約僅 30％）的自民黨宮澤政權，得以通過此重要法案。[142]

　　宮澤喜一另一個對於冷戰後日本外交的重大影響，是提出了「宮澤主義」，其要點為日本要在維持區域安全上扮演更積極的角色，具體內容有協助東南亞國家的建設開發，在美國參與下推動亞太區安全架構，以及承諾不再尋求成為軍事強權等三項。[143]但其最主要的內涵在於日本重回亞太地區的決心，一反傳統以來由福澤諭吉所主張的

---

[142] 信田智人，冷戰後の日本外交——安全保障政策の国內政治過程(京都：ミネルヴァ書房，2006)，頁164~167。

[143] 何思慎，擺盪在兩岸之間：戰後日本對華政策(1945~1997)，頁165~166。

「脫亞入歐」國策，而是務實的以經濟實力為後盾，打破因「入歐論」和二戰歷史而在亞洲鄰國間的被孤立狀態，因此經濟外交正是其所能憑恃的最主要手段。

除了日本自發性的對於冷戰後的格局做出回應的同時，中國的經濟實力和軍事能力都因為改革開放有成而迅速增長，加上蘇聯瓦解後造成的東北亞權力真空，於是「中國威脅論」就順勢而起，並影響了雙邊關係。1990 年村井友秀發表的〈新中國威脅論〉一文，可說是開日本的中國威脅論濫觴，他從人口、天然資源、國土面積、軍隊人數等國力增長，論證中國所具有的潛在實力，並進一步推論中國自戰國時代至今，一直都有成為天下共主或霸主的意圖，最後以世界格局來看，中國將會是和日本爭奪東亞霸權的主要對手，甚至可能導致雙方兵戎相見。[144]這番論述，點出了日本在日中關係正常化以來所未能看到的盲點，過去藉由中國經濟發展而得到市場和原料等貿易好處的日本，接下來要面對的是一個有潛力超越日本的經濟體，而且在軍事、政治二方面都同樣面對中國的地區性威脅，甚至是世界權力格局上的變動。

1993 年版日本防衛白書在「亞洲軍事情勢」專章中，首次將中國列為東亞地區的潛在威脅，原因在於冷戰後東亞區域的主要威脅已不再是蘇聯，中國解放軍的逐年現代化頗有取蘇聯以代之的態勢，這些都可算是中國威脅論發酵之後的影響。[145]而中共政權接下來的實際作為，則是落實了這些疑慮，例如 1995 年攻占南海美濟礁、

---

[144] 村井友秀，「新‧中国『脅威』論」，諸君（東京），第22卷第5期（1990年5月），頁186~197。

[145] 日本防衛省，「アジア太平洋地域の軍事情勢」，平成十七年防衛白書，<http://www.clearing.mod.go.jp/hakusho_data/2003/2003/index.html>。

1995、96 年 2 次核武試爆、1996 年台海軍演等等作為，都在 1990 年代逐漸成為證實中國威脅論的實例。日本對中國政策因此陷入了兩難的局面，一方面維持和中國的友好政經關係既符合了區域穩定的需求，也符合日本的經濟利益，但另一方面又不希望中國將經濟改革的果實轉化為軍事力量，或者是後來居上超越日本的經濟的地位。

1997 年日本首相橋本龍太郎訪中前發表的「新對中外交為目標」演說，則是對這樣的兩難局面做出了定調，作出了相互理解、加強對話、擴大合作關係、建構共通秩序等四原則，前三點延續了過去的以交往取代圍堵路線，但第四點則是因為美日安保宣言的修正和台海局勢而有必須溝通之處。[146]這是因為「日美防衛合作指針」將「周邊有事」的範圍擴及台海，因此日本方面認為有必要在這次訪中向其說明這範圍指的是事態上的性質，而非針對中國或台灣等地理上的指涉，因為台海兩岸若能和平解決問題，美日安保體系就不會干涉，但台海兩岸政府若有某方要單方面的改變現狀或動用武力，造成區域不穩定時，該種狀態下才是符合美日安保介入的事件性質。但中共當局當然無法接受這樣的說法，認為這都是干涉中國「內政」的舉動，但在日本方面而言，美日安保所以能賦予區域穩定的能力，較單獨與中國交好要來的有保障和務實，畢竟日本和美國的軍事同盟關係在冷戰結束後，更是亞太區域在冷戰後全力真空下不可或缺的實質力量，故在冷戰結束後的日本，從追求與中國、美國間的等距外交，逐漸擺盪回到與美國加強同盟關係的立場，但並不放棄和中國間已建立起的各種政治和經濟的交往渠道。

隨即在 1998 年，中國國家主席江澤民訪問日本時，發表了中日

之間第三個重要政治文件——「中日聯合宣言」，宣布和日本建立「致力於和平與發展的友好合作夥伴關係」，但因為中方在該宣言中強烈要求加上「日方表示痛感由於過去對中國的侵略給中國人民帶來巨大災難和損害的責任，對此表示深刻反省。」這段話，這反而導致了日本民間和政界的反彈，認為中國總是以歷史問題脅迫日方，並用以刺激中國內部的反日情緒，[147]這樣的舉動也讓日本認識到中國方面企圖干擾或減弱日本在區域當中的穩定力量，利用不斷提醒至周邊國家對於日本的歷史恩怨來達到目的，這樣日本只能不斷在贖罪的過程中放低姿態，而無法起到區域性的領導作用。

　　學者何思慎總結二戰後到 2000 年以前這段期間，日本對中國政策的五大特色，[148]分別是：

1. 日美同盟：日本對中國政策始終受制於日美同盟的本質變化，因為戰後簽訂的美日同盟關係並不對等，使得日本只追隨美國政策處理外交事務，因此無法及早恢復與中國之正常關係，直到 1970 年代，美日共同判斷中蘇關係生變，有機會拉攏中國加入圍堵蘇聯陣營後，才得以完成日中關係正常化，而冷戰後美日重新定義雙邊對等同盟關係後，更是必須共同面對東亞區域的新潛在威脅——中國，進而做出了對中政策調整。

2. 二個中國：戰後日本奉行吉田茂的模糊化二個中國政策，實質上認定台灣和中國是二個政治實體，並藉由這種模糊空間，提供維持台海穩定的美日同盟力量，以此嚇阻任何意圖片面改變區域穩定的政治力量。

---

[147] 西川吉光，日本の外交政策——現狀と課題、展望(東京，學文社，2004)，頁111~112。

[148] 何思慎，擺盪在兩岸之間：戰後日本對華政策(1945~1997)，頁220~227。

3. 聯合國中心主義：當中共政權取代了中華民國政府在聯合國內代表中國的合法政府地位，日本政府無可避免的無法和台灣方面發展正式的政府間關係，使得日本在制定處理台海問題在內的對中國政策時，必須時刻顧慮此合法承認問題。

4. 經濟外交：日本在戰後和平憲法的制約下，集中精力發展經濟有成，也因此使得經濟力得以穿透過往的歷史恩怨，成為日本與周邊國家重拾友誼的主要工具手段。日本對中國政策的其中一個特色，當然也與此有關，在日中關係正常化後，ODA 的提供在1990 年代之前都一直扮演著維繫雙邊實質經貿關係的重要角色。

5. 政經分離：因為對於中國合法政府的承認問題，過去日本處理北京和台北當局時往往採用政經分離的手段維持與兩岸的分別交往，差別在於台灣被中共政權取代聯合國地位前，日本與台灣是正式的政府關係，與中國間則是民間的經貿關係，俟台灣在聯合國被取代，且日中關係正常化後，情勢逆轉成為對中國是政府間正式外交關係，對台灣轉為經貿關係。

故從這五點特色觀察，日本在對中政策的轉變過程當中，受到其自身與美國同盟關係的變化，國際情勢變化以及中國國力條件變化等三個重要的外在因素影響，造成日本的自主性在冷戰結束後才真正的逐漸展現，也使得與對中外交政策相配合的 ODA 政策（尤其是有償借款政策）隨之調整。

二、小泉時代日本對中政策

2001 年小泉純一郎成為日本首相，也自此展開了中日之間一段被普遍稱為「政冷經熱」的時期，其特點在於政治上的矛盾摩擦不斷

增加，但雙邊的經貿進展也不斷增加，而檯面上雙邊的主要矛盾在於小泉在任內連續五年參拜了靖國神社六次，觸動了日中關係中的敏感神經，且一而再、再而三的刺激了雙邊民族歷史乃至於政治外交的摩擦。[149]筆者在日本進行訪問時，許多學者都表示當時財界許多大老曾經一再勸阻小泉首相，但都未能發揮作用，可見小泉首相個人的政治主導性的強勢。[150]究其背後原因，有說法是為了選票，也有認為是他本人史觀和政治理念的堅持，還有說法是為了塑造自己跨越派閥政治的硬漢形象，但無論是何原因，都顯示了日本對中國政策的體系和形式作風出現了變化。

　　首先是外交政策的決策過程中的官僚角色衰退，從本來的「官高政低」轉為「政高官低」；其次是外務省官僚當中，原本的中國通不斷被調離對中政策的決策圈，如此刻意的操作，顯示小泉政府不希望立場上較傾向穩健或親中的派系繼續主導對中政策。[151]這樣的敘述，顯示了政官財鐵三角在對中決策過程當中，政和官二者之間的權力關係逐步傾向了政黨這一方，相對於 1990 年代甚至是冷戰時期，官僚對於政黨的建言或政策主導能力明顯衰退。而財界作為政官財鐵三角的第三方，並沒有在這決策過程中缺席，只是對於小泉政府也一樣是無能為力，即使許多財界人士都曾勸說過，但都對當時小泉的決定持續參拜靖國神社的決定沒制衡辦法。[152]

　　關於小泉時代的靖國神社參拜問題，可以分為三個階段，2001

[149] 馮昭奎、林昶著，日中關係報告(北京：時事出版社，2007)，頁446~448。

[150] 訪問東京大學東洋文化研究所教授（東京），2010年11月26日；訪問慶應大學總合政策學部教授（東京），2011年1月11日。

[151] 金熙德，21世紀初的日本政治與外交(北京：世界知識出版社，2006)，頁214~216。

[152] 劉江永，中國與日本：變化中的「政冷經熱」關係(北京：人民出版社，2007)，頁60。

年小泉剛當選自民黨總裁時，為實踐選舉諾言而首次前往參拜靖國神
社，中方雖然照常抗議但表現的頗為克制，可能是考量小泉剛上任，
還必須要觀察一段期間，希望再經一段時間觀察小泉的所作所為，而
二個月後小泉就親訪中國，並在盧溝橋紀念館表達對中日戰爭犧牲者
的沉痛哀悼，讓靖國神社事件充分得到緩和；但小泉 2002 年參加博
鰲論壇發表演說，大力稱讚中國在亞洲新世紀發展中的地位的九天
後，就進行了第二次的靖國神社參拜，讓雙方的外交系統人員都感到
震驚和錯愕，中方甚至感到被背叛而氣憤不已；但 2003 年第三次參
拜靖國神社時，不知是否由於馬立誠、時殷弘等人所倡導的對日新思
維等想法發酵，胡錦濤在和小泉會面時，並沒有譴責，取而代之的是
強調面向未來的關係建構，並有意設置新日中友好 21 世紀委員會，
讓雙邊有民間對話交流的論壇場域。[153]小泉在任內幾乎年年參拜靖國
神社的強硬作風，使得雙邊關係陷入谷底，徹底陷入「政冷經熱」的
狀態，甚至激化雙邊民族情緒，造成中國民間更多的反日抗議活動。

　　除了靖國神社問題外，小泉時代的日本對中戰略也是日趨強硬，
包含 2004 在「新防衛大綱」中寫入「中國威脅論」、2005 年先是
2+2 部長會談將台灣問題直接載明於聯合聲名中，成為共同關心項
目，後來日方又有抗議中國開發東海油氣田、宣布將釣魚台上由右翼
民間組織建設的燈塔收歸國有等舉措，都一再製造新的日中關係危
機，彷彿在試探雙邊關係底線一般，持續採取了「鷹派」作法，充分
反映出小泉通過郵政民營化改革的考驗，囊括三分之二國會席次後，
進一步言甚至對地區安全戰略的自信與企圖心。

　　對照圖 3-1 的日本民眾對日中二國之間關係良好與否的直條圖觀

---

[153] 國分良成、添谷芳秀、高原明生、川島真著，日中關係史(東京：有斐閣，2013)，頁206~212。

之，雙方關係在 2003 年以後被民眾視為不良好的比例大幅上升，樂
觀認為雙邊關係良好者也急遽下降，故可說如此民調反映的大幅變
化，幾乎完全呼應了小泉種種強硬政策。如此觀之，小泉政府在
2005 年時決定將持續了 25 年的有償日圓貸款於 2008 年終止，也不
是太令人意外的結果，擺在小泉政府上台後的一連串對中政策的脈絡
之中來觀察，終止有償貸款也是整體對中政策轉變的一種表態。

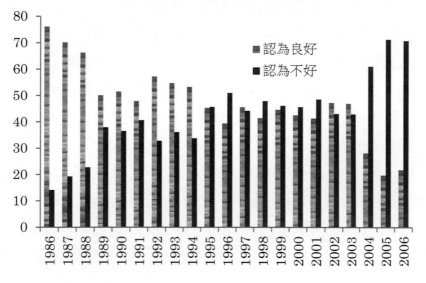

圖 3-1　日本民眾所認為的日中關係調查直條圖

資料來源：日本內閣府，「外交に関する世論調査」，<http://survey.gov-online.go.jp
　　　　　/h18/h18-gaiko/2-1.html>(最後瀏覽日期:2016.9.25)

　　下一節將從對中政策歷史脈絡扣回到日本政府開發援助之政策意
義進行分析，以呼應本書主題。

第三節　作為日本對中政策一環的 ODA 政策

　　日本對中國的「政府開發援助」（ODA）除了具有字面上有幫助受援助國經濟發展的意義外，在日本的外交戰略需要下，還兼具了代替戰爭賠償和鞏固雙邊外交關係的政治意義，而 1977 年時的日本首相福田赳夫即主張以提出投資和援助計畫的方式，主動加強鞏固與曾被日本侵略之鄰國間的關係，所以日本這種以 ODA 替代賠償並用以長期鞏固雙邊外交關係的作法，又被稱為「福田主義」。[154]尤其當日本處於備和平憲法限制下，ODA 就成為最重要的外交政策手段，因此歷來的日本對「中」政策都將 ODA 與之掛勾，不時在雙邊關係緊張時加以凍結，作為一種工具性的表態手段。

　　但 ODA 政策既然是種經濟外交的手段，就不只是有政治效果，其背後的經濟效益也是很可觀的，這可以分為二部分來思考，首先，在政治上的意義而言，這符合 1970 年代以來，美國所主導以交往代替圍堵的對中政策，並在中國逐漸成為區域軍事大國的現實狀況下，以經濟方式維持其穩定發展，是避免中國走向極端或衝突的一帖良藥；其次，從經濟意義來看，ODA 可以擴大雙邊的貿易基礎，尤其是有償貸款的部分，其本身占了總體對中國 ODA 的七成以上，又在項目上主要挹注於多項重要的港口、道路等基礎建設上，為中國的經濟貿易條件奠定了重大基礎。此外，對中 ODA 有助日本的能源安全，因歷經 1973、1979 二次石油危機的日本，迫切需要分散能源進口來源，而當時中國有著豐富的石油和煤礦產能，故 ODA 的支援能

---

[154] 何思慎，擺盪在兩岸之間：戰後日本對華政策(1945~1997)，頁131。

夠在幫助中國能源、交通產業現代化的同時，幫助日本增加穩定的能源進口來源。[155]

以上這些經濟效益對於中日雙方都是互蒙其利，尤其是對於中國經濟現代化有著重要的貢獻，而日本所思考的正是透過經濟現代化的果實，能夠轉化中共政權的政治思維，從過去的政治掛帥等不理性思維，轉為兼顧基於經濟利益思考的理性思維，故日本決定推動對中ODA的很大原因在於，認為這有助於促進中共政府決策理性化。

第一節提到 1980 年代時的日中關係和日本對中對中政策演變，也和政府開發援助息息相關，1982 年鈴木善幸首相回應趙紫陽訪日時所提供的 ODA 援助，這對當時的中國是十分重要的，因為改革開放路線尚未穩固，中國的現代化過程中還未有足夠的資金和外匯，這次日本的資金正是一場挽救通膨危機的及時雨；1984、1986 中曾根康弘首相先後二次訪中，也都分別為中共政府帶來大禮，1984 年訪中時提供第二次日圓借款以支持當時至中共的第七次五年計畫，資助七項重大的基礎工程建設，而 1986 訪中則是增加青年交流，這些都是為了彌平「教科書事件」、參拜靖國神社等事件所造成的雙邊緊張而進行的努力，這也代表日本的對中經濟合作從 1970 年代的「官民攜手」逐步轉變為「政府主導」。[156]

但 1989 年 6 月 4 日的「天安門事件」（又稱「六四事件」）對於中日雙邊關係和政府開發援助的持續，造成了極大的影響，原因在於當時的西方國家一致要求對反民主的中共政權進行經濟制裁，故日本也順應世界潮流宣布中止無償援助和原預計在 1990 年四月實施的

---

[155] 松本勝雄，「外交官からみた日中経済交流日中の経済外交を回顧して」，服部健治、丸川知雄編，日中關係史1972~2012 II 經済(東京：東京大學出版社，2012)，頁34~36。

[156] 金熙德，日本政府開發援助(北京：社會科學文獻出版社，2000)，頁197~198。

「第三次日圓貸款」，但實際上前一次共四千七百億日圓的第二次日圓貸款，是以 1984-1989 年為期，實際上一直到 1990 年中才實施完畢，所以到 1990 年底日本宣布恢復第三次日圓貸款為止的期間，在實質上日本根本沒有凍結過日圓貸款，所謂制裁只是淪為一時的情勢口號。[157]早在制裁中共的國際輿論最高峰過後，日本就開始呼籲與中共維持交往的必要性，並願意做為中間人調停。探究日本和西方不同調的原因主要有以下幾點，首先是擔心過度孤立中共政權，反而會造成不當刺激，讓中共保守派戰勝改革派，走回與改革開放相反的左傾道路。其次，一旦中國經濟因制裁而衰退甚至體制崩解，日本將首當其衝的面對經濟衝擊，甚至可能必須接受從來自中國的難民潮。第三，中共利用了許多非正式管道，成功影響了日本社會黨、公明黨甚至是執政的自民黨等重要的黨政人士，使得他們紛紛公開呼籲日本政府不應該盲從歐美國家，而該走出獨立自主路線的務實做法，而與中共的關係修補就是重要表徵。

六四事件對於日本 ODA 的影響表現在後來所提出的「ODA 四原則」上，由國際事務協力團（JICA）發起的「中國國別援助研究會」在 1991 年時公布，其內容為以日中友好和世界和平為目的、支援中國的經濟改革和對外開放、修正經濟發展造成的不均衡問題、需考量其人口和國土規模。[158]這樣的宣示等同於將 ODA 的期望做出最直接的陳述，亦即今後對於中國的 ODA 必須以對於中日友好和世界和平為第一考量，過去只重視對於戰後賠款的替代意義和贖罪心態應該被揚棄，能否進一步促進兩國和平友好甚至是中國持續的經濟開放

---

[157] 何思慎，**擺盪在兩岸之間：戰後日本對華政策(1945~1997)**，頁143~145。

[158] 「JICA中国援助研究の系譜——大来佐武郎から渡辺利夫まで」，国際開発，2002，No.550，頁17。

則是另一個關鍵，因為在整體對中外交政策的變化過程中，保持中國的改革開放是符合日本利益的，一個開放的中國比起堅持社會主義的封閉中國要來的理性，也才能夠更深入參與國際社會的運作當中，日本不希望因為六四事件而使得中國走上回頭路。

有論者從「利益」、「權力」和「價值」（感情）等三要素分析日本對中政策的成效，這樣的研究要素組成，是考量了日中關係的歷史因素和複雜程度後所做出的設計，並從這三個要素分別探討之，首先從利益面來看，ODA 的提供時機幾乎和中國開始改革開放的步調一致，頭三次的 ODA 計畫也因應著中國的五年經濟計畫而形成五年一次的撥款政策，這也正是中國改革開放以來，經濟發展最突飛猛進的一段時期，當然不能說 ODA 直接促成了中國的經濟發展，但的確也帶來了很可觀的雙邊貿易基礎以及中國的基礎建設條件，所以說對中 ODA 為中日雙方都帶來了龐大的經濟利益；其次從權力面來看，要使 ODA 成為權力的展現工具，必須讓受援助國因為 ODA 的停止而在行動上受到制約，但觀察六四事件時的短暫凍結或者是核試爆後的凍結，都對中國的相關政策起不了制裁作用，故 ODA 在日本的對中政策當中不能滿足全力要素；最後從價值（情感）面分析，這要素的滿足需要受援助國對於援助國產生一定程度的感謝，而中日之間在 1980 年代時，的確因為有償借款直接投注到中國迫切需要的機場、港口、醫院等基礎建設，而產生了一定的良好印象，但從 1990 年代後半以來，雙方國民因為國際情勢轉變，加上既有的教科書、靖國神社參拜和中國威脅論等民族情感問題而交惡，加上中國官方刻意不宣傳或不載明日本所提供的 ODA 長期以來的貢獻，使得中國民眾也對於日本的 ODA 無感，更別說造成任何對日本感謝的情緒，即使日方有聲音指出不要期望金錢就必定能買到感謝，但連基本的消除敵意功

能可能都越來越難達成，所以在價值感情這方面來看，ODA 對於日中關係的效果只有在初期有效，之後卻是逐年遞減。[159]從此三要素來看，最終對中有償日圓借款在 2005 年小泉政府時期宣告終止是必然的趨勢，從各要素來評估其成效，都不再具有足夠的實施成效和誘因，故只是宣布時機點以及領導人是否有足夠的政治資本做出決斷的問題。

若以筆者赴日本訪談所得資料來看此要素分析，權力面的分析是比較符合工具理性的，因為不只一位學者贊成保留對中有償貸款，他們都認為這是日本用來對中國表態的政策工具，無論成效如何，有此政策工具總比沒有要來得好。[160]其他受訪者考量應該保持對中有償借款的理由，乃是因為可以得到中國的還款和利息收益，由於中國一直以來的良好還款信用，這對於日本的經濟收益有所幫助，[161]故這屬於利益面的要素分析觀點。

第四節　小結

總結本章所探討之日本對中國政策和附屬之下的 ODA 政策間的關係，可說中日雙方之間的政治關係隨國際局勢和歷史因素而演變，ODA 政策隨中國和日本各自條件而演變，影響雙邊關係的因素在第

---

[159]　徐顯芬，日本の対中ODA外交——利益‧パワー‧価値のダイナミズム(東京，勁草書房，2011)，頁247~250。

[160]　訪問東京大學東洋文化研究所田中明彥教授（東京），2010年11月26日；訪問慶應大學總合政策學部加茂具樹教授（東京），2011年1月11日。

[161]　訪問財務省官員（東京），2011年1月6日。

一、二節時就已順著歷史脈絡分析，在此不加以贅述，而 ODA 政策之演變雖然是附屬於整體對中政策之下，但只有在突發的事件時立即被日本政府拿來當作政策工具（如歷次凍結有償借款時），其餘的 ODA 規模增減，大致隨著受援助國自身的需求程度而有所增減，改革開放初期到 1990 年代逐步攀升，因為符合中國經濟改革的需要，而 1990 年代之後開始檢討 ODA 標的和逐步減少，乃是因為中國經濟成長迅速而日本開始衰退，而雙邊關係在 2001 年小泉內閣上台以後走入「政冷經熱」狀態後，雙邊經貿關係已成熟發展並高速擴大，但雙邊政治關係卻是走向了急凍期，其背後因素更是一併交雜了國際形勢轉變、中國威脅論、軍國主義抬頭論、中國經濟成長、日本經濟衰退等多重因素，這當中尤其是「中國威脅論」所涵蓋的範圍最廣，影響層面最深，大致上從政治威脅論、經濟威脅論、軍事威脅論等三面向影響中日雙邊關係，[162]甚至在檢討對中 ODA 政策成效和去留的階段發酵，使得各種對於該政策有直接利益關係的行動者被迫採取行動，以重組聯盟的方式對於該政策進行影響，下一章將比較對中有償借款的開始和結束兩個時期的政治經濟聯盟變化，分別探討鐵三角內的聯盟形式如何因內外環境而變化，以及該變化又如何造成了政策改變，以建立此政策演變的學理解釋模型。

---

[162] 張衛娣、肖傳國，*21世紀日本對外戰略研究*（北京：軍事科學出版社，2012），頁207~209。

第四章　日本「對中有償借款」之政治經濟聯盟分析[163]

　　「經濟外交」一詞本身即包括了經濟和外交的雙重意涵，亦即透過經濟手段促成外交關係，或者是為了達成經濟目的結成外交關係，從廣泛的定義來舉例的話，貿易與援助、投資情報收集、貿易通商交涉、參與國際經濟組織等等都可算在經濟外交的範圍之內。但以日本的經濟外交而言，能在戰後幫助日本經濟復興和發展、對外進出口、海外移民政策、經濟協力等相關符合以經濟手段建立外交關係，或者是為了達成經濟目的結成外交關係的外交政策都屬於此經濟外交的範疇。[164]究其原因，則多了一層身為二次世界大戰戰敗國的權宜性質，因為挑起二戰的罪名，使日本在戰後的國際處境艱困，故在與當初所侵略各國回復關係正常化的過程就倍感艱辛，必須透過經濟關係和援助作為修補關係的實質手段。拜 1950 年代以後日本經濟逐漸復甦所賜，這種以經濟援助使兩國關係破冰正常化的方法，得以首先對東南亞國家開展，並且能夠對日本提供所需石油、橡膠等原物料，可說是日本經濟外交成功的第一步，而在這些經濟手段當中，最重要的當屬經濟協力（合作）以及當中的政府開發援助，而有償日圓借款則是當中占最大比重的一種方式。

---

[163] 本文部分文字曾於東亞研究，第四十五卷第二期（2014）發表。

[164] 高瀨弘文，戰後日本の經濟外交──「日本イメージ」の再定義と「信用の回復」の努力（東京：信山社，2008），頁5。

　　自雙邊關係正常化以來，日本對中國的經濟合作主要採取政府開發援助模式，包含了無償資金協力、技術協力、有償日圓貸款等三種方式，前兩者屬於日本對中國大陸的贈與關係，第三種屬於兩國間的借貸關係。對於中國的無償資金協力多半應用在所得水準較低的時期或者是緊急重大事件發生時，例如 2008 年四川大地震時，日本立即動用五億日圓的緊急援助，其中約六千萬為緊急物資供應。[165]本文之所以選擇以日圓借款作為主要研究標的，在於其占了對中國 ODA 最大的比重，由日本外務省的 ODA 實績檢索出的資料來看，自 1979 宣布開始提供對中 ODA 到 2005 年宣布終止當中有償借款的 25 年期間，無償資金援助共約 11 億 1 千萬美金、技術合作共約 46 億 1 千 1 百萬美金，而日圓貸款部分則高達 195 億 4 千 8 百萬美金之多，占了對中總 ODA 約 90％，因此其重要性一目了然。[166]以本文的研究標的「有償日圓借款」而言，作為整體對中 ODA 政策的一環，必須以 1999 的 ODA 體制改革為界，分別依時間順序，將決定開始實施和決定結束等兩個時期的日本國內政治經濟因素，依各自的決策體制不同以及當中國家社會關係轉變加以比較分析。

　　故從研究意義上看日本的經濟外交政策乃至於經濟援助（合作）手段，探究影響其變化的政經背景可以幫助我們釐清究竟重要的決定性因素為何，並從個案建立起決策行為者的互動模型，加以運用在未來可能出現的對中經濟外交政策變化上。另從決策方面來看，經濟外交既是最為重要的外交政策，亦帶有建立雙邊經貿關係的意涵，因此

---

[165]　日本外務省，**2008版政府開發援助（ODA）白書**，<http://www.mofa.go.jp/mofaj/gaiko/oda/shiryo/hakusyo/08_hakusho/index.html>。

[166]　日本外務省，**ODA 実績検索**，<http://www3.mofa.go.jp/mofaj/gaiko/oda/shiryo/jisseki/kuni/index.php>。

經濟外交所牽涉到的決策層面，就不僅僅是單純的外交例行事務，而是牽涉到跨部門協調的一種綜合性政策，經濟、外交、財政等三大官僚相關部門加上政黨就足以使決策層面複雜化，而上至代表國家的首相，下至配合經濟援助的第一線民間企業，也都是廣義的經濟外交參與者，使得日本經濟外交所牽涉的層面極其廣泛，故在研究上必須於藉由觀察內部政治經濟行動者間的互動關係變化，方能掌握外顯的政策結果變動。本文採取「比較政治經濟學」做為主要研究途徑，為結合具體的對中國有償日圓借款之決策流程和當時國內外政治經濟背景，修正過去「政官財鐵三角」途徑之封閉性，從較為開放的角度增加其納入多元的可能性，探討影響對外經濟政策走向的關鍵因素，以日本對中國大陸的有償日圓借款起始和終結為研究案例，比較兩關鍵時點各自的政經背景因素，觀察在這兩個時點的當下，其內在的政官財之鐵三角政經聯盟如何因應民間社會變動，又是如何造成其經濟外交政策之影響。

第一節　日本對中經濟合作決策過程中的國家社會關係

　　自 1972 年日中關係正常化以來，中日的經貿關係就打破了自二戰後以來的冷戰格局，使日本得以和屬於共產陣營的中國大陸建立起官方的正式經貿關係，而在此之前，日本民間力量積極的運作，雙方透過種種非正式管道尋求雙邊破冰，藉以回到二戰前所熟悉的中國市場，獲取日本產業所缺乏，但中國大陸蘊含卻極為豐富的天然資源，例如煤、石油等重工業發展不可或缺的關鍵生產要素，而在當時冷戰的東西方對峙格局下，代表市場力量的民間企業為何能夠在日中關係

正常化的過程中起到推波助瀾之效，甚至幫助中方獲得來自日本的政府開發援助，就是值得探討的議題。因為這有助於瞭解民間力量如何藉由與政治力量的結盟關係，在國際大環境的制約下，遂行符合雙方理性公約數的政策產出，這當中的各行為者又是如何在前述政官財三角模式下運作，並和當時的社會民意背景相適應，都是值得處理的問題。

中日兩國間的政府開發援助模式，包含了無償資金協力、技術協力、有償日圓貸款等三種方式，前兩者屬於日本對中國大陸的贈與關係，第三種屬於兩國間的借貸關係。對於中國的無償資金協力多半應用在所得水準較低的時期或者是緊急重大事件發生時，例如 2008 年四川大地震時，日本立即動用五億日圓的緊急援助，其中約六千萬為緊急物資供應。[167]日本政府開啟對於中國的 ODA 時的決策、管理體制被稱為「四省廳協議制」，而現在實際的政府援助開發（ODA）運作上，當中的技術協力和實施無償資金協力方面是由國際協力事務團（Japan International Cooperation Agency, JICA）執行，而有償資金協力由國際協力銀行（Japan Bank for international Cooperation, JIBC）負責放款，此單位是 1999 年時，小淵惠三內閣將日本輸出入銀行和海外經濟協力基金兩單位整合後所產生，負責提供海外資源確保、促進對外直接投資、日本企業所需的輸出金融服務以及提供開發中國家經濟協力等工作。[168] 以本文的研究標的「對中經濟合作」而言，有償貸款的部分乃是本文的分析重點，以 1999 的 ODA 體制改

---

[167] 日本外務省，**2008版政府開發援助（ODA）白書**，<http://www.mofa.go.jp/mofaj/gaiko/oda/shiryo/hakusyo/08_hakusho/index.html>。

[168] 西垣昭、下村恭民、辻一人著，**開発援助の経済学（第3版）**（東京：有斐閣，2003），頁227~229。

革為界分別依時間順序，將決定開始實施和做出結束決定兩個時期的國家社會因素，依各自的決策體制不同以及當中國家社會關係轉變加以分析。

一、四省廳協議制時期決策體系

首先要說明的是，在日本型經濟外交政策決定過程中，尤其是經濟協力政策往往會受到當下國際情勢的影響，在國內層次上首相及相關閣僚大臣則是最高的決策單位，但應用政官財鐵三角模式觀察此過程時，在政府官僚層級上，由於經濟協力所必須牽涉到的有援助資金的預算、該筆援助對於被援助國的發展幫助成效、兩國外交關係等複雜因素的影響，因此外務省不能夠單獨做出政策決定，還必須與主管預算的大藏省（現已改為財務省），主管經濟產業發展的通產省和經濟企劃廳（2001 年後併入內閣府）等進行方針調整，即所謂的「四省廳協議制」。圖 4-1 顯示了做出對中 ODA 決策時的四省廳協議制決策系統，當時的時空背景下，ODA 的提出必須由開發中國家主動透過日本國內外使館提出要求，該請求反映到外務省後，向上提報對外援助審議會審核，因個別項目的專業化需求、援助對象的廣泛化，最多需由多達十個省廳一同協調該援助國計畫的審核和執行，例如一萬田尚登所設立的「對外經濟協力閣僚懇談會」，[169]就是透過跨省廳對於 ODA 政策進行檢討審議和工作協調的平台。四省廳除各自擁有否決權外，針對各專業領域問題，如農業問題就必須和農林水產省

---

[169] 後藤一美，「我が国の援助行政の実態分析——二国間直接借款を中心として」，国際政治，64号（1980年5月），頁64。

協調，而關於人道救助的衛生醫療問題，當時的厚生省亦特別設置了國際協力室專門負責，[170]因此隨著 ODA 項目的多元化和預算量的增大，各省廳都能夠在這過程中找到對應部門利益的專業區塊，對該領域發揮影響力。

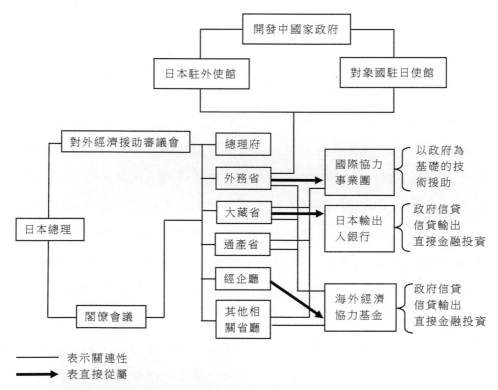

——— 表示關連性
➡ 表直接從屬

註：大藏省現已改為財務省、通產省現改為經濟產業省、經企廳在 2001 年之前尚未併入內閣總理府

圖 4-1　四省廳協議制決策系統圖

資料來源：後藤一美，「我が国の援助行政の実態分析——二国間直接借款を中心として」，国際政治第 64 号（1980 年 5 月），頁 64。

---

[170] Robert M. Orr, Jr.著，田边悟譯，日本の政策決定（東京：東洋經濟新報社，1993），頁26。

　　而以筆者訪問財務省官僚時得到的訪談資訊顯示，在這過程中外務省被認為是負責協調各省廳前來開會，由於對援助金額或何種項目最能夠符合經濟發展需要等專業知識不及其他省廳，而無法負責會議的主導，反而是大藏省和通產省才是主要的行動者，經濟企劃廳則受大藏省和通產省指導而成為執行單位。[171]但從其他文獻觀察，該訪談對外務省角色的印象應該是指會議過程而言，因為實質上受理申請和正式締約的都還是以外務省為代表，且許多經濟援助政策和日本不同時期的外交戰略息息相關，因此外務省在於對象國的選擇和鼓勵其提出申請上仍有十分重要的作用。[172]從政黨方面來看，雖然外交族的議員往往因為難以從此議題獲得選票而興趣缺缺，但自民黨仍會以在 1959 年創立的「對外經濟協力特別委員會」對官僚協議作出的經濟協力政策進行調整，並在援助對象有敏感政治議題發生時增加關心程度。[173]

　　再從財界來看，以業界為主的各種對被援助國的經濟協會是兩國間的主要窗口，例如中日經濟協會就是一例，而經團連往往和該協會共同對於政府開發援助、輸出振興、資源確保等議題上，介入經濟協力的決策過程。[174]這主要原因在於經團連幾乎是在這些事務上唯一有能力發聲的經濟業界組織，以經團連的組織結構來看，經團連還設置了「國際本部」，專門負責民間外交推動、參與國際組織（如WTO、OECD）的國際建制、國際經濟援助等三大主要任務，尤其在

---

[171]　訪問財務省官員（東京），2011年1月6日。

[172]　例如日本1965年對於台灣的經濟協力援助，可參見橋本光平，「日本の援助政策決定要因」，外交政策決定要因研究會編，**日本の外交政策決定要因**，頁349。

[173]　徐承元，**日本の經濟外交と中國**（東京：慶應義塾大學出版社，2004），頁23~24。

[174]　同上註，頁25。

國際經濟援助方面，還下設了四個以區域（亞洲、歐洲、美洲、俄羅斯和中東非洲）和三個以業務（國際業務、國際投資、國際援助）為劃分的七個次級組織，與各國經濟界召開合作會談和派遣使節團，緊密的和實質的援助工作結合，從開始申請 ODA 到合約簽訂，再到實地執行，都有經團連國際本部的身影。[175]並以其與經濟相關省廳的密切關係，得以順利影響前述的四省廳協議制過程，且由於政治獻金可直接影響政黨決定對象國的外交政策，因此政官財鐵三角都各自在經濟協力的決定過程中發揮了一定作用。

二、1999 年 ODA 改革後的決策體系

1999 年日本的 ODA 體系因為「國際協力銀行法」的通過而產生了大幅度的改變，使得決策體系和過去有所不同，也連帶影響了官僚體系內部對於此領域的競和關係，因為國際協力銀行（JBIC）的成立，將原本的日本輸出入銀行和國際協力基金有償借款的業務重新整合，成為專職負責有償借款的全新業務執行單位，業務範圍還另外包括了向在海外民間企業的融資貸款，由外務省和財務省共同監督管理，這包含在當時村山內閣對於行政改革總體構想的一環當中並加以推動；[176]另一方面，於 2002 年時，原本直屬外務省管轄，負責技術協力的「國際協力事業團」也因為「獨立行政法人國際協力機構法」的通過，改為獨立的「國際協力機構」（JICA），且承繼之前無償援助資金執行工作，所以這兩項機構變革，就涵蓋了日本 ODA 的有

---

[175] 古賀純一郎，，経団連───日本を動かす財界シンクタク，頁82~83。

[176] 山下恒夫，「援助行政、援助政策」，後藤一美、大野泉、渡辺利夫編，日本の国際開発協力（東京：日本評論社，2005），頁75~81。

償貸款、無償援助和技術援助等三大主要內容，故必須從此劃為 ODA 決策體系的新階段。

　　透過許多省廳的協議後，以合意形式完成決策，而在 2001 年中央省廳機構改革之後，由過去的「四省廳協議制」變成了「三省體制」（外務省、財務省、經濟產業省，四省廳時代的經濟企劃廳被併入內閣府）為主的協議模式，並在實際上大大增強了外務省同時身為對外窗口的自主判斷能力，因為原本的四省廳協議制是以外務省為對外窗口，受理援助國基於申請主義的援助計畫申請，再由四省廳基於協議制審核，主要的日圓借款執行單位乃是受到大藏省直轄的日本輸出入銀行和經濟企劃廳下屬的海外協助基金兩單位，外務省只能直接管轄技術援助和無償借款的執行單位國際協力事業團（見圖 4-1），但在這次改革之後，執行有償借款同時也是主要負責對中經濟合作的單位，改成由整合後的 JBIC 所負責，由外務省和財務省共同督導，使得外務省得的自主性得到提升，雖然在過程中間仍必須在新的三省廳體制下和其他單位協調，但至少從申請計畫受理直到執行上，外務省在實質上都獲得了的更大的權力，但也必須負起更多對內部折衝的壓力，可說是日本對中國經濟合作的雙層博奕當中的談判者角色，需要對外接受被援助國的申請並與之協調可能得到審核通過的可能性，對內要負責組建起獲勝聯盟，使該項目能夠在三省體制下獲得通過。

　　日本學者將先進國家的援助行政體系區分為「外交部門統合型」、「外交部門內部援助局處型」、「外交部門管轄下的援助實施機關型」、「援助部門獨立型」和「複數部會管轄下的分權援助實施機關型」等五種類別，而日本被歸類於其中的「複數部會管轄下的分

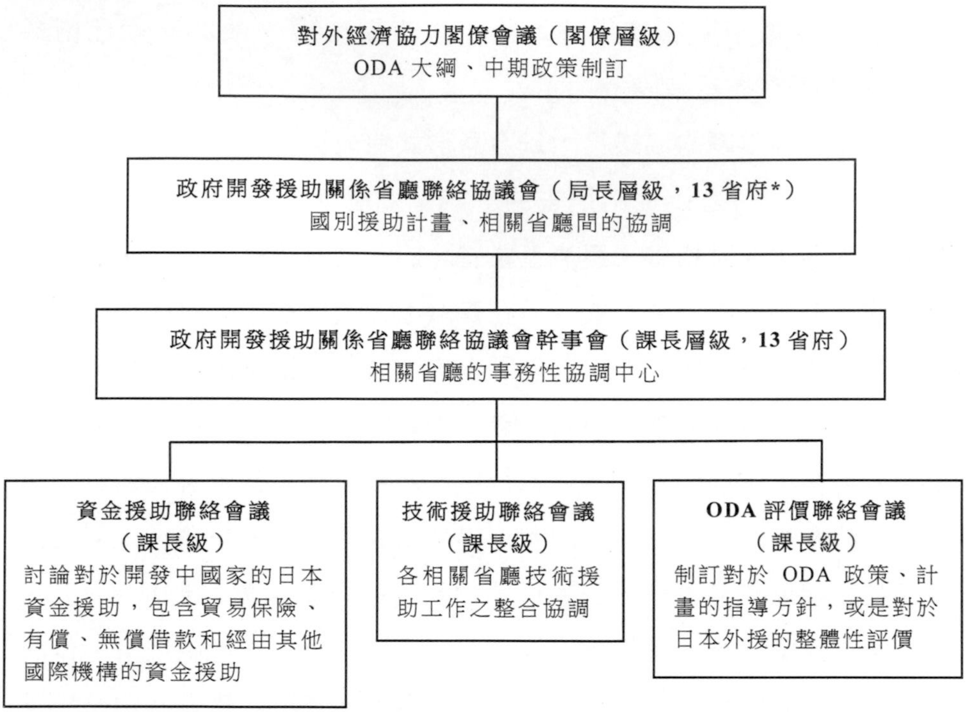

```
┌─────────────────────────────────────────┐
│        對外經濟協力閣僚會議（閣僚層級）        │
│           ODA 大綱、中期政策制訂            │
└─────────────────────────────────────────┘
                    │
┌─────────────────────────────────────────┐
│  政府開發援助關係省廳聯絡協議會（局長層級，13 省府*）  │
│        國別援助計畫、相關省廳間的協調         │
└─────────────────────────────────────────┘
                    │
┌─────────────────────────────────────────┐
│ 政府開發援助關係省廳聯絡協議會幹事會（課長層級，13 省府） │
│          相關省廳的事務性協調中心           │
└─────────────────────────────────────────┘
```

資金援助聯絡會議 （課長級） 討論對於開發中國家的日本資金援助，包含貿易保險、有償、無償借款和經由其他國際機構的資金援助	技術援助聯絡會議 （課長級） 各相關省廳技術援助工作之整合協調	ODA 評價聯絡會議 （課長級） 制訂對於 ODA 政策、計畫的指導方針，或是對於日本外援的整體性評價

*13 省府：內閣本府、警察廳、金融廳、總務省、法務省、外務省、財務省、文部科學省、厚生勞動省、農林水產省、經濟產業省、國土交通省、環境省

圖 4-2　日本 ODA 決策流程圖

資料來源：日本外務省，**ODA 白書 2003**，<http://www.mofa.go.jp/mofaj/gaiko/oda/shiryo/hakusyo/03_hakusho/ODA2003/html/zuhyo/zu117001.htm>

權援助實施機關型」，[177]尤其是來自財務省和整體的決策過程仍然保留了這樣的複數官廳部會間協議的模式，從圖 4-2 即可看出這點。改革之後的 ODA 決策體系，在當時決定了終止對中國有償借款的政策，在圖 4-2 當中，最上層的閣僚會議是以首相為首的省廳閣員間，

---

[177] 後藤一美，「日本の国際開発協力を問う」，後藤一美、大野泉、渡辺利夫編，**日本の国際開発協力**（東京：日本評論社，2005），頁14。

就重大的 ODA 政策進行檢討制訂的場域，諸如 1992 年的「ODA 大綱」和、1998 年「ODA 中期政策」、2003 年「新 ODA 大綱」等皆出於此層級的閣僚會議；而上面的省廳聯絡協議會是負責省和國別援助計畫的最重要層級，由各省廳的局長進行協調，審核以國家為單位的援助申請計畫，往下的幹事會、和再下層的聯絡會議都是在事務性質上協調而已，其中第一線處理有償日圓借款的協調單位是資金援助聯絡會議。

第二節　開啟對中有償借款過程之政經因素分析

　　自 1972 年日中關係正常化以來，中日的經貿關係就打破了自二戰後以來的冷戰格局，使日本得以和屬於社會陣營的中國大陸建立起官方的正式經貿關係。而在此之前，日本民間力量積極的運作雙方透過種種非正式管道尋求雙邊破冰，藉以回到二戰前所熟悉的中國市場，獲取日本產業所缺乏，但中國大陸蘊含卻極為豐富的天然資源，例如煤、石油等重工業發展不可或缺的關鍵生產要素，而在當時冷戰的東西方對峙格局下，代表市場力量的民間企業為何能夠在日中關係正常化的過程中起到推波助瀾之效，甚至幫助中方獲得來自日本的政府開發援助，就是值得探討的議題，因為這有助於瞭解民間力量如何藉由與政治力量的結盟關係。要在國際大環境的制約下，遂行符合雙方理性公約數的政策產出，這當中的各行為者又是如何在前述政官財三角模式下運作，並如何從政治經濟聯盟反映出國家社會關係理論的預期，都是值得處理的問題。

一、開啟對中有償借款之歷史背景

　　在 1972 年日中關係正常化之前，先以民間經貿關係積極推動兩國重建民間層級交往的是日本經濟團體，同時也是首批從正常化當中得到實質利益的行動者。從 Saadia M. Pekkanen、李恩民、馮昭奎、林昶等人的研究指出，1970 年代是中日經貿關係的重大轉捩點，由於日中關係受到中美關係破冰的刺激而加速了雙邊關係正常化的完成。首先在政界方面，[178]是 1971 年 10 月日中友好協會直接以「恢復日中邦交國民會議代表團」的名義訪問中國，接著 1972 年 3 月日本社會黨、公民黨、日本工會評議會聯合召開了「實現日中復交國民大會」，自民黨五大派閥之一的三木派首領三木武夫更親自訪中，承認中國所提的「中日復交三原則」，強力批評當時佐藤內榮作閣的中國政策；財界方面則先在 1971 年 9 月由大阪商工會議所會長佐伯勇為團長，關西經濟聯合會副會長為副團長所率領關西五大經濟團體的「日本關係經濟界代表團」訪華，後有東京電力會長木川田一隆、新日本製鐵會長永野重雄、富士銀行會長岩佐凱實和日本精工社長金里廣巳等身兼財界四團體重要幹部的關東財界代表團訪華，[179]表現出財界四團體也對於改善日中關係的積極性。在經濟方面，中日之間政治上的和解也使得日本官方有辦法回應民間經貿團體多年來的要求，推動正式的經貿往來，於是在 1974 年第一次由中日官方簽訂了正式的「中日貿易協定」，賦予對方最惠國待遇並奠定了往後的貿易發展方向。當然在這當中雙方各有盤算，中國方面想要獲得日本的先進工

---

[178]　1971年4月中美展開乒乓球外交、1971年7月美國國務卿季辛吉秘密訪中。

[179]　徐之先主編，日中關係三十年（上海：時事出版社，2002），頁16~18。

業科技，日本方面則是在歷經 1973 年二次石油衝擊後，找到了又近又便宜的能源來源，並看好中國廣大的未開發市場，[180]促使雙方完成了先政治後經濟的破冰過程。在 74 年的貿易協定之後，陸續簽署了許多具體的配套條款，例如航空、海運、漁業、商標等保護條約，至 1978 年又進一步簽訂了「中日長期貿易協定」和「中日和平友好條約」，當時雙方的貿易總額從中日建交初期的十億美元，至 1970 年代末時已激增至六十億美元，[181]足足成長了將近六倍之多。

故從以上研究 1970 年代中日雙方政經關係破冰過程的文獻中，可以看到在日本方面有許多重要的國內行為體是值得特別關注的，例如在財界中包括了前述的民間貿易促進團體，以及在中日建交後力促日本官方完成與中國能源合作的日本國際石油株式會社與中國石油輸入協議會兩大日本能源團體，而此時在政界方面也有在政經聯盟上值得研究的目標，如完成破冰的田中角榮首相和其所領導的自民黨金權政治所發揮的決策轉向角色。而在成功推動日中關係正常化之後的種種貿易合作，當然是有利於長期扮演幕後推手的那些利益團體，因此可以初步推估，民間利益團體在日中關係正常化前即有自己的經濟利益考量，並且是因為在當時的經濟發展需要下而必須對於中日貿易關係進行積極的推動，最後終於在日中關係正常化後得到了各項的貿易協定的政策回報。

雖然兩國的經貿關係隨著關係正常化往來互動增加，但是中國方面卻因為本身資金不足，而未必能保證履行貿易協定內容，在 1978 年當時兩國貿易協定中需要 37 億美金的外匯儲備，但當時的中國只

---

[180]　Saadia M. Pekkanen, *Japan's Aggressive Legalism: Law and Foreign Trade Politics Beyond the WTO* (California: Stanford University Press, 2008), pp131~133.

[181]　馮昭奎、林昶著，日中關係報告（北京：時事出版社，2007），頁161~162。

有 20 億美元左右，這點讓以經團聯為首的財界十分擔憂，雖然鄧小平在 1978 年 8 月會見日中友好議員聯盟會長浜野清吾、國際貿易促進會長藤山愛一郎、日中友好協會顧問岡崎嘉平太等三人時，曾當面提出希望獲得日本的生產管理技術等技術協力，但並未提到資金協力，因此於翌月日中經濟協會會長稻山嘉寬訪中時，稻山力勸中國方面能認真考慮利用日本的海外經濟協力基金，[182]以確保貿易協定的各項計畫支出的資金無虞。這主要是因為日本的 ODA 一向是以「要請主義」為本，亦即必須由受援助國主動向日本提出 ODA 的申請，故而有此建議。

1979 年 9 月中國國務院副總理谷牧訪問日本並正式包含八大項目共提出 55.4 億美元的 ODA 要求，但真正使對中 ODA 政策得以通過的契機卻是在該年 11 月自民黨總裁改選後大平芳正內閣上台，過去長期任職於經濟企劃廳的官僚大來佐武郎，在轉向政界後得以在此次政府改組中當上外務省大臣，[183]與財界關係最密切的省廳莫過於通產省和經企廳，因此大來十分瞭解財界的需要，並且作為大平的重要閣僚在此政策產出過程中發揮了極大的影響力，一方面從外務省的大臣位置上調整該省官僚對蘇聯外交的考量，進而促成大平首相得以拍版定案，在 1979 年 11 月訪中時宣布實施對中 ODA。

二、政經聯盟運作模式及主要行動者

從政官財鐵三角模式下探討對中經濟協力得以開展的互動過程，

---

[182] 岡田實，日中關係とODA——対中ODAをめぐる政治外交史入門（東京：日本僑報社，2008），頁124。

[183] 関山健，日中の經濟關係はこう変わった（東京：高文研，2008），頁53~55。

可以說財界是主要的行動者，在中日貿易有明顯利益誘因的情況下，藉由與政黨的政經聯盟，克服了內部意見紛歧的官僚反對意見，進而完成了政策產出。就各行為者當時的時空背景下，試著重建各角色的考量如下。

（一）政黨

當時尚處於五五年體制的日本，其執政黨為自民黨，所代表的保守勢力意見包含了兩種不同的對中態度。[184]首先是慎重論者們從日本安全的角度考量，日本的經濟援助可能會間接幫助中國人民解放軍當時銳意進行的現代化工作，且仍在中蘇衝突的 1970 年代末時，日方單方面加強和中國大陸的實質關係，可能會在中蘇衝突提升時被迫捲入其中。其次是推進論者的看法認為，中國問題牽涉到冷戰世界格局的問題，日本有必要藉由實質的經濟援助關係，強化剛正常化不久的日中關係，如此才能增加日本對於中國的說話份量，進一步為美中之間的互動提供第三方的援助，並考量到日本對於中國的戰後處理還欠缺妥善的實質補償，由於中國放棄要求日本賠償且在中日共同聲明確認已完成戰後處理，使日本老一輩政治家心中對於中國充滿虧欠感，故為推進改革開放建設提供需要資金，藉以彌補戰爭傷害和文化繼承上的虧欠感。

當然從歷史結果來說，是由推進派的意見主導了最後的政策產出，當時的推進論者與黨內保守派勢力幾乎重合，因此他們對於戰敗後所失去的中國大陸市場和其資源一直念念不忘。而這派保守勢力也是和財界關係最密切的一群人，故不難想見保守勢力動用其資深的政

184　徐承元，日本の經濟外交と中國，頁81~83。

治能量和政商關係，例如大平首相不但是大藏省官僚出身，過去在擔任外相期間就努力想擺脫美國對中國大陸的圍堵政策，並且在外相任內促成了日中關係正常化，也持續不斷的欲深化和中國大陸的經貿關係，進而在就任總理後促成了對中國大陸日圓借款。[185]當然也不可否認大平首相作為日本內閣總理的個人決斷力，以其為首的自民黨也在亟欲促進中國大陸經濟發展以有利於日本，並且某部分補償中國大陸放棄戰後賠償的兩大誘因下，使其與財界意見一致而攜手結盟。

（二）官僚

若從官僚的角度思考對中 ODA 的政策，各省廳的意見是分歧的，政策決定者之間必然會有組織判斷上的歧異，尤其是在日本的複數省廳間協議更是如此，例如通產省贊成擴大日中貿易，而且基於對日本國內企業的保護，一直積極的挑戰「不限定採購條件的援助」（Untied Aid）原則，欲提高「限定採購條件的援助」（Tied Aid）的比例，希望能夠保障日本企業獲得實施日圓借款後的各項中國大陸基礎建設援助計畫。[186]當時的外務省一方面認為該顧及與蘇聯的等距外交，避免日本得在中蘇衝突中被迫選邊站，另一方面當時的大來佐武郎外相堅持對中國的經濟援助應該貫徹「不限定採購」原則，因此對於日圓借款持審慎的立場。[187]而大藏省則把財政再建放在第一位，尤其在於海外經濟協力基金的預算有限的情況下，如何籌措和確保借款財源就變得很棘手，故對中 ODA 將會對其他預算造成排擠而傾向反對，因此在四省廳協議制的時期，必須找尋統一官僚意見的方

---

[185] 田中明彥，日中関係1945~1990，頁110~111。

[186] 徐承元，日本の經濟外交と中國，頁85。

[187] 岡田實，日中関係とODA——対中ODAをめぐる政治外交史入門，頁125。

法，而身為最希望開啟對中 ODA 的財界，也得主動慎選結盟對象，以促成對中 ODA 的政策產出。

（三）財界

　　對 1970 年代時的日本經濟界而言，因為以阿拉伯國家為主的石油輸出國組織（Organization of the Petroleum Exporting Countries, OPEC）不時藉操控油價影響以阿問題，造成了 1970 年代兩次石油危機，使得能源輸入國家們紛紛陷入了經濟危機，而天然資源先天性缺乏的日本當然是主要受到影響的國家之一，財界的組成主要以金融和重工業為主，因此深受其害的他們必須承受石油危機所造成的油價飛漲，以及能源輸出入的運輸成本大增，故如何能夠找尋更可靠的石油來源，以擺脫中東所主導的 OPEC 制約，就是攸關經濟界生存和國際競爭力的首要問題。恰巧美國利用中蘇衝突製造出中美關係破冰的契機，連帶讓財界看到了將民間經濟協議提升為正式經貿關係的希望，這樣的層次提升，提供財界遊說推動對中借款的動機，因為藉由日本政府提供的經濟援助，不只能夠促進雙邊關係持續友好和平，還能夠讓日本企業有望獲得援助計畫中大筆的基礎建設標案，獲利的也不只是營建制造業，還包括了能源產業，例如從第一次日圓借款的結果來看，計畫中開發的石臼所港就是兗州煤礦的輸出港，該煤礦是由三井石炭礦業等六家日本企業所共同開發的，從該礦坑到港口的鐵路和港口的興建，共花費了 171.85 億日圓，其他如秦皇島港口的興建和連接北京的鐵路鋪設也是同為煤礦輸出使用，共花費了 139 億日圓；[188]另一方面，中國大陸需要能源開發的各種大型先進機具，也

---

[188]　関山健，日中の経済関係はこう変わった，頁55~58。

必須向日本購買，但在缺乏外匯存底的情況下，如何提供履約的保證
就成了問題，因此日圓貸款成了促進資金回流日本企業的一個辦法。
[189]故在當時的日本型援助下，日本企業已經多次從對其他受援助國
家的「限制採購」型經濟援助計畫中得利，財界也因此有充分的誘因
推動對中國大陸的日圓貸款。

三、政策結果與聯盟行動者之互動

　　從原本的鐵三角模式而言，若以外交政策而言，出發點往往是政
黨或者是外務省官僚，但在經過歷史回顧之後，可以發現啟動對中國
日圓借款之前，甚至在日中關係正常化之前，日本民間力量一直都是
走在政黨之前的，因為他們不必向政黨必須顧忌來自國際（主要是美
國）的壓力，也比政黨或官僚更看的到一旦中日雙邊改善並有實質的
經貿進展後的具體商業利益，因此無論是動機上或是制約上，都提供
了財界發揮行動力的絕佳契機。尤其在中日雙邊官方接觸還不能擺脫
冷戰氣氛而小心翼翼之時，財界人物可以直通中共領導高層促使其瞭
解日圓借款的好處和重要性，又可以回頭在日本國內發揮其一貫的政
商關係和官僚溝通能力，使得對中日圓借款的政策成為可能。當然如
前所述，面對鐵三角各自內部可能存在的分歧力量，財界的作法是溝
通拉攏日中友好議員聯盟會當中的親華政治勢力，一同赴中國大陸參
訪就是極為明顯的例子，另一方面利用被通產省行政指導的長期溝通
合作機會，向官僚反映自身利益和日本將能夠從這項政策所獲得的政
府和民間收益回報，打入四省廳協議制的內部討論，藉此影響四省廳

---

[189]　金熙德，**21世紀初的日本政治與外交**（北京：世界知識出版社，2006），頁262。

協議制的內部討論，尤其往回對照圖 4-1 當中的流程可看出經濟企劃
廳乃是海外經濟協力基金的主管單位，故財界得以發揮政策影響能
力，可以將此時的鐵三角關係繪成下圖：

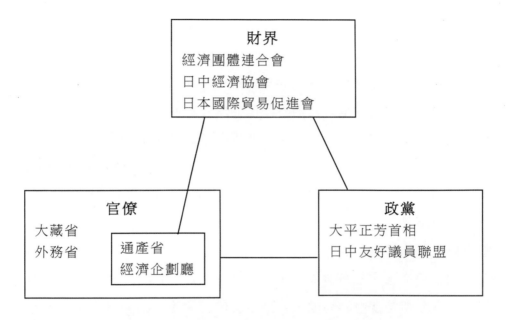

圖 4-3　政官財鐵三角開啟對中有償借款互動圖

資料來源：作者自行整理

　　圖 4-3 中的政黨是以執政黨自民黨為主體的行動者，當中還另外
包括跨黨派的日中友好議員聯盟會，該聯盟會吸收了對中國抱持親近
態度的參眾議員。財界則是以經團連為主導者，透過日中經濟協會、
日本國際貿易促進會兩民間財團法人作為進行斡旋日中關係實際工
作，日中經濟協會專責組織深受中方重視的訪中團，後者是 1954 年
為重建戰後日中經貿關係而創立的日本國際貿易促進會，也是最積極
運作雙邊經貿合作的民間團體。而圖中的官僚僅有通產省和經濟企劃

廳被納入獲勝聯盟之中，前者原本就和經濟界的利益趨於一致，後者
屬於首相直轄機構，因此在大平首相任內供給日圓借款的意圖明確
下，這單位就和通產省一同占據了官僚內部一半的發言權利，加上外
部的政、財界支持，於是就形成了足以對抗外務省和大藏省的政經聯
盟。

　　雖然在前小節圖 4-1 的決策過程當中無法得見社會力量，但在四
省廳協議制下，國家和社會之間關係透過了鐵三角政經聯盟關係而相
接，此時的社會力量是以經濟界頂層的聯合組織「經團連」為主要的
利益代表，加上在審議過程中的民間專門產業參與援助項目評估，例
如「海外工程顧問學會」（Engineering and Consulting Firms Association,
Japan, ECFA）對於日本的三種海外開發援助，都具備相對應專門研
究室進行事前項目的制訂預想和事後的核算評估，其組成成員也過半
數來自於日本的大型國際企業，例如東京電力設計、野村證券旗下的
野村總合研究所、三菱東京 UFJ 銀行的附屬研究顧問機構等。這是
因為四省廳體制當中的官僚，普遍不具備評估受援助開發中國家所需
投資項目的專業能力，[190]且日本不像美國政府的國際開發部門，於
受援助國專責派遣海外的現場派遣負責官員，人力上僅是美國的二十
分之一，故相對而言極度仰賴由民間業界提供專業人才，進行實地的
調查。[191]但也因此在國家力量主導的情況下，使社會力量在整個經
濟外交的過程中不至於缺席。尤其占大部分援助貸款的基礎建設項
目，更是以建築業為首的國內企業所關注的焦點，日本開發援助資金
進入大多數開發中國家的主要計畫，多半都是從造橋鋪路、發電廠、

---

[190]　Robert M. Orr, Jr.著，田边悟譯，日本の政策決定，頁35。
[191]　同上註，頁70。

港口、機場等大型基礎建設開始，而有能力承擔這類大型投資項目的往往也是經團連的主要成員，得以從政治遊說和政策評估兩方面著手進行影響。

在社會力量主要透過大型企業進入決策過程的同時，也使得日本的開發援助披上了商業主義的色彩，所以這樣的援助方式又被稱為「輸出振興型」的援助方式。因為實際開發項目由日本企業所直接做成的比例極高，十分有利於日本企業的海外拓展，例如在 1980 年代中期左右，日本企業承接開發援助的資金達 70%之多，[192]造成援助開發的品質受到了外界質疑，因此在 1990 年代開始興起改革日本對外 ODA 的呼聲，並促使日本與 ODA 相關的各省廳就整體的援助目標和決策的過程重新檢討，於 1992 年建立新 ODA 大綱，並在 1999 年時完成了實行至今的新 ODA 決策和執行體制，這也影響了之後對中國大陸 ODA 的整體援助方向。

第三節　結束對中有償貸款之政經因素分析

一、日本對中 ODA 方針變革之歷史脈絡

若要研究為何日方會做出結束對中國有償借款的政策，必須先重建當時的客觀歷史背景，尤其必須以歷次對中國有償日圓借款金額變化和整體對中經濟合作方針演變為兩大背景要點，方能瞭解政策結束

---

[192] 橋本光平，「日本の援助政策決定要因」，外交政策決定要因研究會編，日本の外交政策決定要因，頁352~353。

的事前歷史脈絡，建立起一套有因果關係的論述。

　　大平總理在宣布開始對中國提供日圓借款的同時，還附帶宣布了「對中經濟協力三原則」：不謀求獨占中國市場利益並與歐美各國協調、考量與亞洲和東協國家間的合作平衡、不支持軍事用途等三原則，這成為了最早的對中 ODA 方針，此政策宣示是基於對中經濟合作背後的政治考量，與此三原則相對應的三個政治理由為：[193]首先，其他歐美工業先進國家擔心日本會藉由 ODA 獨占中國市場；其次，第一期對中國的鉅額借款，可能使東協各國擔憂未來是否會犧牲掉原本屬於亞洲其他國家的借款金額，轉而投入中國大陸；第三，因為日中和平友好條約裡面的反霸權條款，可能使蘇聯認為日本選擇支持中國，而使蘇聯對日本的敵意升高。故此最初的對中 ODA 三原則，有其必須安撫的特定對象，而並非針對受援助國中國本身，但也說明了日本做出此政策時所受到的國際政治格局制約並非只來自於美國，且不能僅從中日雙邊關係考量。

　　1989 年，由國際事務協力團（JICA）發起了「中國國別援助研究會」，以 1979 年實施對中 ODA 時的外務大臣，同時也是當時內外政策研究會會長大來佐武郎為主席，以對中 ODA 十週年為標的，進行學界和經濟界的共同研究討論，歷經九次會議後，於 1991 年時提出了第一次研究會的結論，被稱為「新四原則」，內容為：以日中友好和世界和平為目的、支援中國的經濟改革和對外開放、修正經濟發展造成的不均衡問題、需考量其人口和國土規模。[194]而在 1998 年時，日本方面又召開了第二次的「中國國別援助研究會」，這次以

---

[193]　田中明彥，日中関係1945~1990，頁111~113。

[194]　「JICA中国援助研究の系譜——大来佐武郎から渡辺利夫まで」，国際開発，2002，No.550，頁17。

「ODA 總合戰略會議」的代理議長渡邊利夫教授為主席，強調要以新的途徑重新檢視對中經濟合作的各項成果和面臨的新挑戰，最後分別提出了貧富和區域差距的消除、環境保護、農業開發與糧食供給、建構市場經濟制度化等四大課題，[195]作為未來日本在對中援助上的努力方向和新的援助重點。

在時序進入 2000 年代時，由於 ODA 終止與否的議題在日本國內逐漸興起，主因在中日間的經濟實力漸有逆轉的可能性，且顧慮到日本國內納稅人的社會觀感的情況下，日本國內開始認為有必要調整援助方針，力求符合普世價值，並且在今後從嚴評估討論 ODA 的品質及成效，且要將投資重點從基礎建設投資轉為環境、人才培育上，這些意見都可以從 2000 年日本外務省特別召開的「面向 21 世紀對中經濟協力相關事宜懇談會」和 2001 年的「對中經濟協力計畫」中找到依據。[196]尤其 2001 年 10 月外務省公布的「對中經濟合作計畫」當中，更是清楚提出要以 1992 年「ODA 大綱」的四原則為基礎，[197]從過去重視沿海地區基礎建設的援助項目，轉變為以內陸的民生社會發展、人才培育、環境保護，並認為日方應朝以下幾個目標努力完善對中 ODA 的實施：[198]

---

[195] 同上註。

[196] 日本外務省，「**21 世紀に向けた対中経済協力のあり方に関する懇談会**」提言，<http://www.mofa.go.jp/mofaj/gaiko/oda/data/chiiki/china/sei_1_13_2.html>。

[197] ODA大綱四原則：一、兼顧環境與開發；二、避免被用於軍事發展及引起國際爭端；三、維護和加強國際和平穩定，尤其應注意大規模毀滅性武器的擴散；四、注意發展中國家在促進基本人權、市場經濟和民主劃上的努力。隨後2003年的「新ODA大綱」亦繼承了此理念，可參見日本外務省，「**政府開發援助大綱**」，<http://www.mofa.go.jp/mofaj/gaiko/oda/seisaku/taikou/taiko_030829.html>。

[198] 日本外務省，「**对中国经济协力计画**」，<http://www.mofa.go.jp/mofaj/gaiko/oda/seisaku/enjyo/china_gai.html>。

1. 以取得本國國民的理解與支持為基礎，立足於日本國家利益，詳查逐個項目，按照重點領域和課題，實施有效率的援助。

2. 隨著中國的經濟發展，在中長期內使中國本身的國內資金及海外籌措而來的民間資金發揮重要作用。

3. 除了 ODA 外，需與其他政府資金、民間資金有效結合，以實現高效率又有成果的目標。

4. 希望中國在整合進入與國際經濟社會的同時，在政治上負擔起做為國際社會成員的重要職責，並使 ODA 的實施能夠促進中國的市場經濟化以符合日本的期望。

5. 我國（日本）實施對中經濟合作的同時，應注意不能違背「ODA 大綱」當中，關於不准增強中國軍事力量相關的原則。

　　從這些新的援助目標可看出日本方面的援助政策出現了重大轉折，也為逐步減少日圓借款埋下了伏筆，主要是就第二、三點而言，擺明了希望中方能夠逐漸自行承擔能夠獨立完成的項目，在使中國經濟逐步成長並且有能力自行籌措資金的同時，讓日本得以功成身退。

　　檢討對中 ODA 的聲浪持續高漲的情況下，來自輿論的壓力迫使政治人物必須加強關心和監督的力道，並對於最終完全結束對中國的有償日圓借款有所準備。因此，2004 年時傾向結束立場的日本參議員組成對中國 ODA 的調查團，以自民黨議員鴻池祥肇為團長，團員包含來自自民、民主、共產黨等跨黨派成員，在探訪了中國的各大城市以及和 ODA 執行有關的派駐機關後，做出了「沒有持續推動對中 ODA 的必要性」的最終結論，[199]故經過日本國內產官學界反覆討論後，最後終於在 2005 年小泉內閣任內時，宣布持續了二十多年的對

---

[199] 関山健，日中の経済関係はこう変わった，頁111。

中日圓貸款援助將在 2008 年終止。

二、政經聯盟運作模式及主要行動者

　　政官財鐵三角模式對於日本經濟外交政策的運作模式已有所改變，1997 年以後，日本的政治型態也因為五五年體制的崩壞而產生了一連串的變化，諸如單一選區兩票制的選舉制度改變、政治獻金法、行政改革等等，都造成了政官財三方的互動方式變化，再加上媒體輿論的力量不斷增強，使得日本一般民眾對於公共議題的關心程度提升。本文認為國家社會途徑強調的正是當國家威權不足以單獨決斷政策時，可以代表社會並影響國家的重要非國家權威何在，以及如何發揮影響力，因此有助於理解日本結束對中有償援助的決策過程，故在主要行動者的介紹上，將財界的角色淡化，取而代之的是包覆了財界在內的整體民間社會，藉由輿論、民間團體與財界立場的異同，突顯鐵三角模式用於解釋五五年體制崩潰後決策過程時之不足。

（一）政黨

　　自 1990 年代中期橋本龍太郎參拜靖國神社、釣魚台領土爭議、中共核武試爆等三事件的發生，標示著中日兩國進入「政冷經熱」的時期，直至 2006 年安倍晉三訪問北京才正式結束破冰。此時期的特色是政治上高層互動、互訪極為冷淡，但經貿關係卻增長迅猛，例如從 2000 年至 2004 年的雙邊貿易每年平均增長率高達 20%，這顯示此時期了雙邊政治關係和經濟關係的不平衡發展，甚至一度有危急到

經濟關係的可能性。[200]而在這期間，2001 年上台的小泉內閣政府就是結束對中日圓借款的主要決策單位，自小泉上任起連續四年參拜靖國神社，且在五年多任期內僅有一次訪問北京政府，使得日中關係降到最低點。在如此的雙邊氣氛下，當時小泉主政下的自民黨對於是否有必要持續對中國進行如此高金額的借款是有疑慮的，當時的町村信孝外務大臣在參議院就曾直言：「中國的經濟發展在逐漸進步當中，我國對中 ODA 應逐步減少，甚至在不久的將來考慮讓中國從 ODA 畢業」，而小泉首相也在 ASEAN 領袖高峰會時表示：「中國已邁向經濟發展成熟，這難道不是已經進入讓中國畢業的時期了嗎？」[201]這兩人的發言充分表達出日本政府在 2004 年的當時基本上已經定調了對中 ODA 的任務將逐步遞減直到自然結束。

　　就其動機而言，最相關的近因可推斷為 2004 年的一連串中日摩擦事件，包括了三月時七名中國人登上釣魚台宣示主權、五月時中國單方面開發東海油氣田引起日方抗議、七月北京主辦的亞洲盃決賽場上的仇日情緒等，這都直接影響了於同年十月份外務省所進行的「日本民眾對中國親近度調查」的民調數字，在該年表示「不感到親近」者達到了 58.2%，較前一年的 48%要高出十個百分點，[202]且意味著超過半數的受訪民眾表示對中國的不親近感，而這樣的民調數字對於執政的自民黨當然是明顯不過的政治訊息，使得自民黨內如野田毅等親中派的慎重論建言不再能夠發揮作用，決策過程於是逐漸朝向民主黨小泉派所希望的方向發展。

　　而小泉政府時期採取強硬的對華政策之背景，可歸納為以下二

[200] 劉江永，中國與日本：變化中的「政冷經熱」關係（北京：人民出版社，2007），頁2~19。
[201] 岡田實，日中関係とODA——対中ODAをめぐる政治外交史入門，頁180~181。
[202] 関山健，日中の経済関係はこう変わった，頁160~161。

點：首先是從外在的區域安全方面論，2001 年以後，為因應美國反恐戰爭需求，日本藉由「日美防衛合作指針」的修改、參與維和行動等作為，鬆綁軍事行動範圍，以扮演區域安全上更積極的角色，加深美日安保同盟雙邊合作力道和加廣適用範圍，[203]而在美國為其撐腰的情況下，小泉具有重新主導區域的信心，故敢於對中國不假辭色；其次，從日本內在環境而論，乃出於日本國內政黨鬥爭所需，2001 年由小泉執政以來，他所採取的改革方案使一些傳統派閥離開自民黨，導致自民黨實力受損，而在野黨中同屬保守立場的民主黨又虎視眈眈，使得小泉必須為自民黨樹立起新的路線旗幟，於是一反成為首相前的立場，積極參拜靖國神社，激起中日雙方的民族情緒，並在外交立場上緊隨美國，以鞏固自民黨和選票上的右翼勢力。[204]故從以上二點背景可以理解，為何到了小泉時代會採取強硬對中政策，導致中日關係走到政治冰點。故政黨在此時的角色，反而是為了對民意有所回應，並考量政黨間的競爭戰略，而最主動採取結盟作為，成為有償借款政策的終結者。

（二）官僚

1990 年代中期後的官僚也因為五五年體制的崩解而產生了職責調整，相較於開展對中 ODA 的時期，1992 年 ODA 大綱的出現，使得主導 ODA 計畫的省廳協調制更有得以依循的審核標準。因此在內部評估上，中共的軍事成長可能直接抵觸了其中不助長軍事發展的原則，而釣魚台和東海油氣田所引起的中日衝突，也直接挑戰了不鼓勵

[203] Christopher W. Hughes著,李育慈譯,**日本安全議題**（台北：國防部史政編譯室，2008），頁287。
[204] 馮朝奎、林昶著,**中日關係報告**（北京：時事出版社，2007），頁304~305。

爭端的原則，故官僚省廳內部也開始從這些原則所展現的道德價值上去檢視對中 ODA 的實施，而不只是機械的從實施的經濟效果來觀察成效。

　　不過，日本經濟在 1990 年代後期步向衰弱造成日本自身的客觀條件限制，使得預算上不得不勒緊褲帶，也因此民間開始注意自己的稅金被花到甚麼地方去，例如媒體記者古森義久、青木直人、高田智之等人就在這方面提出了質疑，攻擊對中國的 ODA 淪為對中國官僚資本家的政治獻金，由日資企業透過政府審議 ODA 的政策影響力，刻意向中國官僚資本家的相關產業輸送有償貸款（例如挹注鄧小平之子鄧樸方的中國殘疾人福利基金會），造成雙邊官商勾結、中國政府刻意隱瞞日本 ODA 的貢獻、制裁效果薄弱、不足以達成軍事政治的目的等等現象。[205]因此主管政府預算的財務省必須繃緊神經，檢討各援助項目的必要性和效率性，比起原本只考慮是否能夠幫助被援助國經濟發展的簡單援助想法，改為更嚴謹的態度。財務省（原大藏省）官僚在接受訪談時則表示，[206]以財務省的角度而言，ODA 的效益的最重要因素乃在於是否對受援助國的經濟發展有所幫助，其次才考量日本自身或是民間企業可以從 ODA 當中得到多少回饋，因此從 2000 年起逐年下降的對中 ODA 金額數字本身即表明了日本可以功成身退的立場。

　　但正因為二十多年來的援助發生了效果，中國方面已經累積了足夠的民間經濟基礎和籌措資金能力，使得對中 ODA 的政治性的制約

---

[205] 請參見青木直人，中国ODA6兆円の闇——誰のための、何のための「援助」なぼか！？（東京：祥伝社，2003年9月）、高田智之，「分岐点えた日本の対中ODA－硬軟織り交ぜた対応鮮明に」，貿易&產業，1999，Vol.467，頁28~31。

[206] 訪問財務省官員（東京），2011年1月6日。

效果逐漸被稀釋，即使是外務省也不見得可以主張保留對中的大筆日圓借款，還能夠對於中國軍事發展或是緩和雙邊爭端有何作用，例如是在 1990 年代中期中共進行兩次核子試爆時，外務省站在第一線做出外交抗議並凍結其主管的無償援助，但仍阻止不了中國實施第二次的核子試爆，亦即對於直接破壞 ODA 當中禁止大規模毀滅向武器和發展核武的原則精神完全背道而馳，而日本所能使用的政策工具幾乎在此事件失效。

經產省（原通產省）也必須注意到中日雙方的產業分工已經逐漸從最初的互補變成了競爭的發展趨勢，中國不再如剛開始進行 ODA 投資時，只是提供日本工業原物料、燃料的第一級產業中心，中國製造業的快速發展以及技術複製能力，大大威脅了日本在亞洲乃至於世界的產業競爭優勢，「中國製造」在此時開始從大量廉價生產輕工業中心，逐步成長為技術含量和附加價值高的電子製造業中心，這些人口優勢和高端科技人才的累積效果十分可觀，並在加入 WTO 之後更加快了中國打入世界市場的速度，[207]因此在指導產業布局上，經產省必須為日本民間企業的危機加以正視，因此也有了主動調整對中 ODA 實施項目的動機。

（三）財界

本文從政治經濟聯盟的角度切入，關於日本企業界自戰後以來介入日本政治的歷史脈絡已於第二章政官財鐵三角模式中介紹，於此不再贅述。本文認為此時的政官財鐵三角與當初決定施行對中 ODA 時的行動誘因背景已經大不相同，因此使得原本作為促成政策產出的財

---

[207] 新山恆彥，「中国のWTO加盟と対中ODAの行方」，國際開發，2002，No.543，頁14~15。

　　界不再是當中一角的主要行動者，而是政界從民間得到了充分的誘因終止此政策。筆者就此訪問曾參與 2002 年第二次 ODA 改革懇談會的田中明彥教授時，[208]他認為財界從第一次 ODA 以來長期得到的利益逐漸減少，因為對中 ODA 的實施項目已經從初期的基礎建設轉為人才培養和環境保護，而財界當中的大型企業最能夠獲利的就是在基礎建設如港口、橋樑、鐵路等大型公共開發計畫，在大陸內部資金隨經濟起飛而逐漸充裕的情況下，已不需要接受過往綁定日本企業負責執行的有償貸款計畫，因此財界不再有誘因堅持保有對中的有償貸款。

　　但對田中教授的看法，日本學界也有不同的意見，[209]認為基礎建設雖然比例逐漸降低，但關於環境保護的工程仍持續進行，總是有大型企業參與其中，不能說因此導致了財界態度的轉變，即使財界態度轉變，也不能代表整個民間社會對中 ODA 的態度轉變。但他同意在雙邊貿易成熟發展到決定結束有償借款的時期為止，已經不必再經由 ODA 建立起雙邊經貿管道了，亦即無須透過日本官方進入中國市場，各大企業尤其是財界的重要成員均已發展出直接和中共官方的對話管道。

　　而在訪問日本防衛廳防衛研究所研究員增田雅之時，[210]對這樣的觀點他也表示肯定，且補充了政黨的行動誘因，他認為政界在 1993 年五五年體制崩潰後，更注意民意的走向，因此民間累積的反中情緒高漲後，政黨不得不採取因應措施，而對中 ODA 就在效益逐漸下滑的情況下，剛好成為開刀的對象，故從 2000 年對中經濟協力

---

[208] 訪問東京大學東洋文化研究所田中明彥教授（東京），2010年11月26日。
[209] 訪問慶應大學總合政策學部加冒具樹教授（東京），2011年1月11日。
[210] 訪問防衛省防衛研究所增田雅之研究員（東京），2010年12月21日。

懇談會後的問題就不在如何維持對中 ODA，而是在於如何成就該政策功成身退的「有終之美」。故相對而言，財界的角色一方面缺少更多的基礎建設做為獲利誘因，二方面財界代表社會的發言能力被媒體和民意調查所稀釋，第三是財界在五五年體制崩潰後一度欲減少政治參與又碰上政治獻金法通過，等於大大減損了財界所慣用的影響政策手段，使得財界在結束對中有償借款的決策過程中的角色變得可有可無。

三、政策結果與聯盟行動者之互動

從上述角色介紹可以歸納出此時日本政經聯盟的變化，相較於對中 ODA 政策初始時的聯盟型態，此時的財界因缺乏誘因而退場，而政界為了回應民間的反中情緒與力求節省開支的財務省（2001 年時由大藏省改造而來）結盟，共同完成了對中有償貸款計畫的終止，但仍保留了無償資金協力和技術協力等項目，藉以維繫對中經濟協力之名。在財界角色被淡化的同時，民間社會的其他力量適時的補上，從側面間接的發揮了影響此政策的能力，可以從圖 4-4 看出政官財鐵三角和社會之間相互關係。與圖 4-3 不同之處在於，當時日本民意和媒體並非對於決策無權置喙，而是因為當時正值中日剛完成關係正常化的蜜月期，輿論大多對於幫助中國進行改革開放和經濟發展是普遍贊成的，因此在立場一致的情況下，就無須突出社會上除財界以外之行動者，當時財界進入決策核心的動機和影響力都正值顛峰時期，所以聚焦在財界如何建立起獲勝聯盟推動對中 ODA 政策。而圖 4-4 顯出外務省在此決策的相對中立性，因為固然結束對中借款可以減少業務和轉移往更需要的開發中國家，但保留對中有償借款等於仍保留有一

項雖然無甚影響力之政策工具，可增加外交宣示以外的實質手段選
擇，故較之另外兩個省廳為中立。

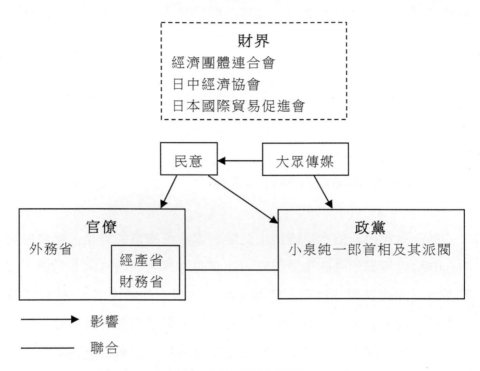

圖 4-4　政官財鐵三角結束對中有償借款互動圖

資料來源：作者自行整理

　　再考量到政黨因素，當時掌權的乃是小泉內閣，小泉任內曾多次
不顧日中關係而前往參拜靖國神社，即使財界亦「勸告」過小泉，
[211]但心有餘而力不足，無法和小泉首相的意志相抗衡，因此當時的
財界非但缺乏干涉對中有償借款的誘因，在實質上也無力影響對中國

211　「日財界智囊苦口婆心 勸小泉『停拜』」，新華網，2006年05月11日，<http://big5.xinhuanet.co
　　m/gate/big5/news.xinhuanet.com/world/2006~05/11/content_4533548.htm>

採取對抗姿態的小泉首相。此外，當時日本民眾 2005 年的對中國親近度調查，對於中國感到親近的民眾已經跌至實施該民調以來的最低點的 32.4％，所以當小泉政府堅定的持續走上與中國對抗的路線，並導致日中關係進入冰點的同時，其不只是小泉個人的主觀意願，也連帶包含了日本民眾對於中國印象不佳，因而導致再檢討對中 ODA 政策的聲浪。

　　另一方面，隨著 ODA 整體決策的改革，對於 ODA 受援助國是否有幫助，以及是否符合 1992 年 ODA 大綱所揭示的四原則，1999 年 ODA 大綱中期政策又將大綱中四大重要課題進行具體深化，包括了削減貧困、可持續成長、全球性議題、建構和平等面向，等於宣示了將援助的目標從原本的輸出振興型改成了地球環境保護型，且各項都需要面對如圖 4-2 所顯示更細緻分工的決策流程和事後評估。這也影響了財界實施和進入對中國有償借款的行動意願，尤其是從有償貸款的項目來解讀，從 1994 年以前的對中 ODA 計畫都是 5 年一期，為的是配合中國的五年計畫經濟，且幾乎所以有計畫項目都是關於基礎建設的實施，包含了港口、鐵路、農業、電信、電力、機場等過去主要財界成員得以包攬的高額計畫，但在新 ODA 大綱頒布之後，從 1994 年起的三年期間開始增加了環境項目，在 1996 年時占了同年有償貸款的 25.1％之多，[212]而且從 2001 年起，取消了原本複數年的對中 ODA 審查制度，改成一年一審，更是在項目上大量的朝向人才培育和環境保護轉移，從表 4-1 可以看出基礎建設的比例已經大幅下降，取而代之的是環境改善的各種整備計畫為主，包含了植草植林、水源地保護、空氣品質改善等計畫，這些也都具體的載於前述 2001

---

[212]　徐承元，日本の經濟外交と中國，頁248~249。

年的「對中經濟協力計畫」中，基於該計畫宣示，2002 年時甚至首次不支持任何的基礎建設計畫項目，這也代表了財界主要成員能夠從中獲利的計畫大不如前，使得財界對於改革後的對中 ODA 興趣缺缺，當然也就不再有支持對中有償貸款的動力，既然財界沒有動力遊說，則政界也就不用再做出政策回應。

表 4-1　有償日圓貸款計畫項目統計表（2001-2005）

	環境計畫（件）	人才培育（件）	基礎建設（件）
2001	6	6	3
2002	7	1	0
2003	4	1	1
2004	6	1	1
2005	7	1	0

資料來源：日本外務省，**ODA 案件檢索**，<http://www3.mofa.go.jp/mofaj/gaiko/oda/search.php>

第四節　小結

　　藉由比較對中有償借款的開始與結束兩個時間點的政經聯盟，可以發現非國家行為者的重要性，並從此模型可看出較既有的文獻都來的具有可觀察性。本文不認為非國家行為者在 1979-2005 年這段期間內，有逐步凌駕於國家行為者的趨勢，但可以肯定的是非國家行為者並非單純依附在政策的便車下白白獲取利益，討論開始對中日圓貸款的時候不是，決定結束的時候更不是，無論在哪個時機點，其實只要用心就能看到非國家行為者的積極性，雖然永遠不可能取代國家行為

者成為最後拍板定案的角色，但在每個重要的政策轉折點，處處都可以見到他們發揮影響力的痕跡，而促成他們行動的動力包含了經濟利益（財界），也有道德良知或民族情緒（民意），端賴當時的決策圈內具有決定性主導能力的聯盟所重視的為何者而定。

　　本章以質性方式對於日圓借款的政策變化始末，從開放式的政官財鐵三角模式提出了政治經濟聯盟的解釋模型，下一章則是輔以計量方法，希望能夠與質性研究所得出的結果進行對話，即使結果可能有所差異，但對於質量化結果的解釋作出比較，相信會更具有學術上的討論意義。

第五章　日本對中國有償借款之計量分析[213]

　　本章專注於 ODA 當中占 90%的「有償日圓借款」上，以量化方式檢證長期演變和政策意涵之研究標的。2005 年宣布中止日圓借款這一重大的轉折也成為過往對中「經濟協力」（經濟合作）形式的終結，並預示了日中經濟外交下個新階段的來臨。

第一節　緒論

一、前言

　　綜合之前章節的文獻回顧，以日圓借款為主的經濟外交手段之所以會結束，大致可以分為政治解釋和經濟解釋兩大方向，在政治解釋上主要是以「中國威脅論」為根源，其意涵包含了無形的民族主義的競爭意識，還有實質上以國家軍事實力為衡量標準的軍事威脅論；但就經濟外交的特質而言，這既是外交手段卻又含有廣泛的經濟互惠意涵，其實際政治效益隨雙邊經貿穩定上升而遞減，乃至於被質疑繼續實行的必要；又如「經濟威脅論」認為，由於改革開放二十年後，中國的經濟發展迅猛起飛，到 1990 年代已經不再是當初需要受到援助的工業落後國家，甚至使日本難以繼續保持工業技術的領先地位，因

---

[213] 本章與曾偉峯博士合著，感謝曾博士提供變數整理與計量模型分析等小節並授權納入本書。

此經濟上的危機意識，從而造成了終止對中日圓有償貸款，以避免繼續壯大對手的政治決定。[214]日本對中援助作為中日交往關係的一個根本指標，然甚少對其進行實證和計量分析，本章目的希望透過日本對中援助這個菱鏡，探究政治解釋、經濟解釋與民間社會因素如何影響日本看待對中國之經濟外交政策。基此，本章將以統計模型分析各個理論所涵括之變項，以下將先探討各家理論對於日本對中有償日圓借款的解釋，再者介紹本章統計模型所運用的變項、資料與方法，最後經由探討本章所運用之模型適合性以及分析結果，結論將試著指出未來研究的方向。

二、研究流程與方法

以下之分析研究可分為三部分，本章第一部分建立問題意識和研究流程方法後，進行關於日本結束對中國借款之相關文獻回顧，將各種既有的研究學說分類，並建立起相對應的假設；第二部分是將各變數以敘述方式，顯現各變數之走向趨勢和數據結構，以此觀察各個變數是否適合放入模型內進行檢證；第三部分將把前一部分的各種獨立變項和作為依變項的日圓借款放入迴歸模型之中，檢證迴歸結果所呈現的變數相關性和適用性，並檢討前述學說理論假設是否得以通過量化模型的檢證，探討是否有更適合藉以將模型結果與學說假設作更細緻的綜合比對；最後的第四部分將檢證後結果進行反思，並檢討研究限制和未來研究改進和延伸方向。

---

[214] Robert Taylor, *Greater China and Japan: Prospects for an economic partnership in East Asia* (London: Routledge,1996), pp. 59~64.

第二節　文獻回顧與假設建立

2000 年時，日本外務省曾委託三菱總合研究所對該年為止的對中國日圓借款展開最全面性的研究調查，藉以評估經過二十年的整體 ODA 到底對於中國大陸產生了多大的實質效益，該報告書名為「對中 ODA 的效果調查」，報告中提 ODA 占中國 GDP 的比例至 1994 年為最高，達到了 0.29％，到了 1999 年，對中 ODA 占了中國政府債款的 14％之多，而在經濟上的貢獻亦有成效，至 1999 年為止，大幅提升了當時中國最主要的經濟發電機──二級產業的 GDP，其提升比例最高達到了 1.4%的水準。[215]可見包含日圓借款在內的對中 ODA 歷經二十年的耕耘後，的確對於中國大陸的經濟成果做出了實質貢獻。但對於日方為何做出結束對中日圓有償借款的決定，目前已有許多的研究成果，可以大致歸納整理成以下四類主要論點：

一、民族主義論

Hidetaka Yoshimatsu 發現進入 1990 年代以後，中國民族主義更加膨脹，尤其是反日的情緒並未因為日本對中 ODA 而有所緩和，[216]自 1990 年代中期橋本龍太郎參拜靖國神社、釣魚台領土爭議、中共核武試爆等三事件的發生，標示著中日兩國進入「政冷經熱」的時期，此時期的特色是政治上高層互動、互訪極為冷淡，但經貿關係卻

---

[215] 日本外務省經濟協力局評価室，「対中ODAの効果調查」，〈http://www.mofa.go.jp/mofaj/gaiko/oda/shiryo/ hyouka/kunibetu/gai/china/koka/index.html〉

[216] Hidetaka Yoshimatsu, *Japan and East Asia in Transition* (New York: Palgrave Macmillan, 2003), pp. 152~155.

增長迅猛。[217]而在進入 21 世紀初後雙方民族主義情緒更為高漲，在日本方面，2001 年上台的小泉內閣上任起連續四年參拜靖國神社，且在小泉五年多任期內從未赴中國大陸訪問，使得中日關係降到了最低點，直至 2006 年安倍晉三訪問北京才正式結束破冰，包括安倍在內後小泉時代的連續三任總理也都未再參拜過靖國神社，故有學者認為日本領導人參拜靖國神社所引起的民族情緒衝突，已經超過日本侵華歷史記憶本身對中國大陸一般民眾的心理影響。[218]

中國方面，拒買日本貨物、砸毀日本商店的狀況也在中日歷史爭議發生時不斷發生，甚至在 2004 年於北京舉辦亞洲盃決賽時，中國群眾對日本代表隊的種種民族仇恨情緒性語言充斥了整個賽場，也造成日方民眾在觀看直播比賽的同時目擊反日的言詞和標語，這反映在隔年所公布的對中親近程度，該年的親近度為實施此調查以來的最低點，僅有 32.4%的日本民眾對於中國感到親近。[219]可見中國大陸民眾的反日民族情緒也造成日本民眾的情緒反彈。

因此即使雙方的官方有共同的外交利益目標，但面對雙方民間的民族情緒反應也不得不加以慎重考慮，尤其這樣的民族情緒迅速和日本政壇中的右派保守勢力相結合，要求重新檢討對於中國經濟外交政策的聲浪也在政界持續發酵，「中國不感謝日本的 ODA」所以不必持續對中 ODA 的聲音也被放大，[220]使得民族主義論成為影響官方決定 ODA 政策的重要論點。

---

[217] 劉江永，**中國與日本：變化中的「政冷經熱」關係**（北京：人民出版社，2007），頁2~19。

[218] 劉江永，「中日戰略互惠與民間友好：理想與現實」，劉江永主編，**當代日本對外關係**（北京：世界知識出版社，2009），頁8~10。

[219] 関山健，**日中の経済関係はこう変わった**（東京：高文研，2008），頁160~161。

[220] 雷慧英、卓凌，「日本對華援助（ODA）政策調整的原因分析」，**東北亞論壇**，第十五卷第六期，2006年11月，頁80~81。

根據民族主義論，90 年代是個分水嶺，90 年代以前，中國的反日情緒並未白熱化，因此日本能夠穩定提供對中 ODA；然而 90 年代中國的反日民族主義對日本的 ODA 產生影響，此論認為，仇日情緒會成為日本對中國 ODA 的考量因素之一，而當兩國民族對立的情況益加顯著，則日本對中 ODA 則將減少。因此，根據民族主義論，作者可以假設：

H_1：**1990 年以後的日本對中國 ODA 金額會顯著低於 1990 年以前的 ODA**

然而，單純僅考慮中國的反日情緒只能顯示單方的民族主義的影響，而無法說明何以日本必須將其列入對中援助考量中，而若要說明雙方民族主義對抗的影響，需同時考慮中國反日浪潮是否激起日本自身的民族主義，並進而影響日本政府援助中國之決定。因此，在考量90 年代為分水嶺的情況下，應同時考慮日本社會的反映。考量日本社會的反映有其意義，首先，日本為民主政體，民間社會對中國的看法自然而然會影響日本的施政，甚而援中的金額；再者，控制 90 年代作為分水嶺，加入日本民間社會的反映，可以完整看到民族主義是否為日對中 ODA 的因素，並且確實的加入日本民眾對中國印象的民調資料，用以反映民間社會對此政策的影響，可轉化為假設如下：

H_2：**當日本民意對中國友善程度提高，則 ODA 金額會增加，反之則會減少**

二、軍事威脅論

　　此觀點認為中國國防軍事力量的不斷上升，已經造成了中國周邊國家的緊張不安，日本也對於共軍的軍事行動感到憂心，尤其對中國大陸有能力不斷增加軍事預算進行軍事現代化感到憂心忡忡，認為這是共軍將經濟成長果實轉化為軍事力量的必然結果。[221]反映在外交政策上，最直接的例子是中國大陸先在 1995 年因適逢抗日戰爭五十週年，中國國內反日情緒再起，並且進行大規模核子試爆，使得日方決定凍結 ODA 當中的無償資金援助，[222]隨後 1996 年時又再次進行核子試爆，連續兩年的核子試爆造成持續凍結，直到 1997 年時中國承諾不再進行核子試爆後才重新啟動。[223]但在這之後，日本對於中國的包含核武在內的軍事威脅增長，隨著其國防軍費數字攀升，更促使日本感到直接的不安，甚至有報導指出，日本的政治家懷疑中國方面挪用日本給予的貸款發展軍備，再回過頭來利用潛艇、調查船等方式，在東海問題上恫嚇日本，因此持這類論點的政治家們有意停止有償借款。[224]故有學者認為中國的軍事威脅包含了幾個不同的層面意義，包含了其一是軍事預算的增加和不透明，其二是在不放棄武力犯台的前提下，造成對東亞區域的安全信心建立不足，其三就是共軍的武器裝備現代化和擁有核武，等於具備了動搖地區安全的硬實力。

---

[221] 中國情勢研究會，日中衝突——中国の知られざる軍事的野望を暴く（東京：実業之日本社，1998），頁122。

[222] 小此木正夫、小島朋之編著，東アジア危機の構図（東京，東洋経済新報社，1997），頁27~28。

[223] 関山健，日中の経済関係はこう変わった——対中国円借款30年の軌跡（東京：高文研，2008），頁87~88。

[224] 張茂森，「中借貸擴武 日不當凱子」，自由電子報，2005年3月18日，〈http://www.libertytimes. com.tw /2005/new/mar/18/today-p2.htm〉

[225]從以上文獻探討的總結，本章認為軍事上的威脅是影響最終結束有償借款的重要因素。

如前段所述，此論明顯指出，中國的軍事威脅已然成為日本考量是否援助中國的重要因素之一，其中中國的軍費增加明顯讓作為鄰國的日本不安，因此，最為直接且客觀的觀察，就是檢測中國的軍事支出與日本對中國 ODA 的相關性，即便作者考量到中國軍事國防預算一貫的不透明性，但仍能夠從其已公布的國防白皮書中看出明顯的經費增長，故還是以此作為中國軍事威脅論影響的變項數據，並於此簡化為假設 H₃：

H₃：當中國軍事支出增加，日對中 ODA 將會減少，反之，當中國的軍事支出減少，則日對中 ODA 則會增加

三、經濟威脅論

Robert Taylor 認為由於改革開放二十年後，中國的經濟發展迅猛起飛，到 1990 年代已經不再是當初需要受到援助的工業落後國家，甚至有逐漸在經濟規模是追趕上日本的趨勢，而且由於過去種種援助計畫和貿易協定，使得許多技術移往了中國，使日本也很難繼續保持工業技術的領先地位，且在 1992 年統計當時，有 53%的對中貸款仍用在加強中國的交通基礎建設上，[226]顯示這二十年來已大大加強了中國做為世界工廠的生產潛力，並厚實了其轉型成為現代工業國家的

---

[225]　天兒慧編著，**中国は脅威か**（東京，勁草書房，1997），頁71~72。

[226]　Robert Taylor, *Greater China and Japan: Prospects for an economic partnership in East Asia* (New York: Routledge, 1996), pp. 59~64.

基礎建設能力。相對於中國的經濟實力增長，反觀日本自身，Naoto Yoshikawa 也認為日本 1990 年代歷經了十年衰退期，使日本納稅人開始質疑每年大量花費的 ODA 資金究竟是否有其必要？且有許多受援助國家反映國內的許多和環境污染有關的工程項目，其資金來源竟是來自於 ODA 的援助計畫，這些對於日本經濟的擔憂以及只重視經濟而忽略環境的反思，都直接或間接導致來自民間輿論的壓力產生。[227]

明顯地，中國經濟實力的增長，不僅提高了日本對中國軍事能力的提昇的憂慮，也讓日本不再視中國為周邊的經濟弱國獲廣大的潛在市場。迅速的經濟成長與工業發展逐漸讓經濟停滯不前的日本感到不安，也可能影響日本決定是否持續援助中國。如經濟威脅論為真，則日本對中 ODA 的考量必然是中日雙邊經濟實力的差距，依此，作者可以假設：

H₄：當中國與日本經濟實力差距縮小，則日對中 ODA 金額將會減少，反之則增加

四、功成身退論

此論點又可稱為「畢業論」，這是在國際協力事業團召開的「中國國別援助研究會」中，由官僚、執行機構和學者專家討論提出，認為應終止有償日圓借款的理由在於，當初對中貸款的原有任務已經完成，中共本身已經有了足夠的外匯存底，且不論是在基礎建設或者技

---

[227] Naoto Yoshikawa, "Japan's ODA and National Security," in Hiroshi Itoh ed., *The Impact of Globalization on Japan's Public Policy: How the Government is Reshaping Japan's Role in the World*(New York: The Edwin Mellen Press. 2008), pp.75~76.

術協助上都已經成功促進中國的向上提升，故當初提供貸款的原因業已消失。[228]另一方面，最初兩國的經貿關係隨著 1972 年關係正常化而往來互動增加，但是中國大陸方面卻因為本身資金不足，而未能保證履行貿易協定內容，在 1978 年當時兩國貿易協定中需要 37 億美金的外匯儲備，但當時的中國只有 20 億美元左右，這點讓以經團聯為首的財界十分擔憂，雖然鄧小平在 1978 年 8 月會見日中友好議員聯盟會長濱野清吾、國際貿易促進會長藤山愛一郎、日中友好協會顧問岡崎嘉平太等三人時，曾當面提出希望獲得日本的生產管理技術等技術協力，但並未提到資金協力，因此於翌月日中經濟協會會長稻山嘉寬訪中時，稻山力勸中國方面能認真考慮利用日本的海外經濟協力基金，[229]以確保貿易協定的各項計畫支出的資金無虞，後來也在大平內閣的支持下，順利展開了包括有償借款在內的對中 ODA 政策。但隨著之後雙方貿易和投資往來不斷深化，雙方資本積累和資金流動的數額也急遽擴大，這使得有償借款的資金效果被稀釋，其最初作為擔保雙邊貿易合作的性質也不復存在，[230]而小泉前首相也在當時的 ASEAN 領袖高峰會上直言：「中國已經邁向經濟發展成熟，這難道不是已經進入讓中國畢業的時期了嗎？」。[231]故這派論者認為沒有必要持續有償借款。

　　對於此論，由於日本國內政治經濟體系牽涉甚廣，作者無法一一探究是否所有涉及對中 ODA 決策之勢力都認為對中援助已經功成，

---

[228] 加茂具樹，「対中経済協力」，家近亮子、松田康博、段瑞聰編著，岐路に立つ日中関係──過去との対話・未来への摸索（京都：晃洋書房，2007），頁248~252。

[229] 岡田實，日中関係とODA──対中ODAをめぐる政治外交史入門（東京：日本僑報社，2008），頁124。

[230] 田中明彥，日中関係1945~1990（東京：東京大學出版会，1991），頁110。

[231] 岡田實，日中関係とODA──対中ODAをめぐる政治外交史入門，頁180~181。

儘管如此，可以日中貿易額作為一個測量的指標，如前所述，總體而論，日對中 ODA 一個重要的功能在於穩定中日雙邊貿易，爾後隨著雙方貿易與投資的深化，以及中國自身經濟條件的穩固，ODA 的功能才逐漸被取代。因此，根據功成身退論，當雙邊貿易逐漸擴大，則 ODA 將漸減其用：

H_5：**中日雙邊貿易的增加將會減少 ODA 的援助金額，反之則增加**

第三節　變項設定與資料來源

從前述文獻回顧和假設建立小節中，承接民族主義論和軍事威脅論所提及的相關假設來選定變數，關於民族主義的質性理論必須轉化成量化變數，因此以民族主義性的爭議所能影響到的最直接數據作為代表，即中日雙邊關係和日本民眾對於中國的觀感，這往往最容易受兩國突發事件的爭議影響而有所起伏，各將敘述分析於下節。而本章假設最能代表中國軍事威脅的數值為其國防軍費，也是目前最為透明可觀察的中國軍事數據，故一併選入模型當中，藉以檢證「日圓借款」是否受「中日雙邊關係」、「日本民眾對中觀感」和「中國軍事威脅」所影響而減少。

而後兩項經濟威脅論和功成身退論都是和經濟相關的理論假設，其中所提及之因素，則可以歸類為經濟變數，拜經濟類變數之數值性資料性質所賜，得以被考量與依變數「日圓借款」一同放入所欲實證分析之迴歸模型中的變數很多，包括日本國內生產總值、日本國民可支配所得、中日貿易總額、對中直接投資等數據等等。此模型假設中

的變數選擇，主要是基於日本自身經濟狀況起伏和中日經貿關係等兩方面，來考量對於日圓借款可能產生影響的變數，國內生產總值和國民可支配所得是競爭論的基礎，因為日本自身處境越不佳，越會對於中國的競爭能力上升感到憂心，所以本章考慮以中日兩國經濟實力的差距來作為表現這種經濟威脅的具體變數，而中日貿易總額和直接投資，則是可以呼應功成身退論，探討兩國經貿關係基礎已擴大到不需由日本政府提供資金擔保的程度，故可能會對日圓借款產生影響。

　　本章的分析資料區間為 1979 年至 2005 年，這是明確的日對中借款援助從開始到結束的時間，可以明顯指出從日對中借款的變化。此外，前述各個變數作者也運用完整的年份資料來分析其相關性，各變數詳細資料可參見附錄。下面部分作者大略說明依賴變項（dependent variable）與各個獨立變項（independent variables）的趨勢與變化，同時闡明變項與上述理論觀點之間的重要連繫。

一、依賴變項：有償日圓借款發展

　　日本對中國的經濟合作正式於 1980 年展開第一筆款項的撥付，為配合中共的五年經濟計畫而採用五年一期的貸款計畫。圖 5-1 顯示 2001 年是有償貸款最高點，該年中國自日本獲得 2,143.99 億円的有償借款，而 2005 年為最低點，該年因時任小泉首相參拜靖國神社和東海油氣田爭議造成中日雙邊關係急遽緊張，使得當時對中 ODA 計畫被全部凍結，故該年貸款金額為零。而單論有償貸款有支出時的最低點，則是 2007 年的 463.02 億円，該款項作為對中有償貸款計畫的最後一次撥款，跟 2001 年最高點時相差了 1,680.97 億円之多。從整體趨勢觀察圖 5-1，在 1980~1996 年間顯示每年撥付款呈緩慢增長，

僅有 1981、1988 兩年陡升。1997~2001 年間迎來有史以來的高峰後，直到 2005 年都呈現陡降。

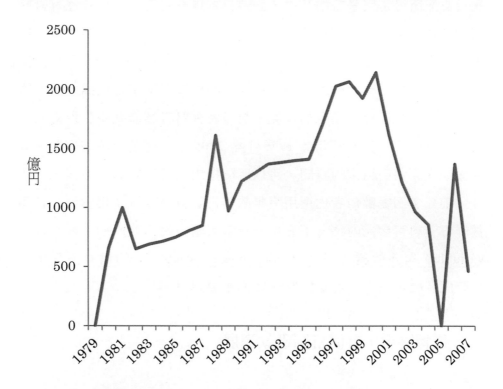

圖 5-1　日本對中日圓借款折線圖

資料來源：作者整理自日本外務省，1980-2006 年版「政府開發援助（ODA）國別援助実績」，〈http://www.mofa.go.jp/mofaj/gaiko/oda/shiryo/jisseki/kuni/index.html〉

二、獨立變項

（一）民族主義

(1) 1990 年前後之變化

民族主義論預期中日雙方之間的民族主義對立，將嚴重影響日本對中國援助的金額。對此，作者假設 90 年代將是一個分水嶺，這兩段區間會有明顯的差異，因而作者將設定虛擬變數（90s'dummies，簡稱 90d），1990 年以前編碼為 0，1990 年以後編碼為 1，來觀察兩邊是否有明顯的差異。

(2) 日本歷年對中國民意調查之態度演變

如上節所示，另一個民族主義的指標，是日本民族主義的發酵，對此作者使用日本官方的民意調查作為資料來源。日本外務省自中日關係正常化後，對於日本民眾展開了長年的民意調查，針對日本民眾對於中國的親近程度進行問卷統計，本章截取從決定展開經濟合作的那一年（1979）起始直到 2006 年的數據，原始調查中依序分為非常親近、不親近、親近、非常親近、不知道等五大選項，為統計方便，本章將非常親近和親近合併，並將非常不親近和不親近兩兩合併，比較這期間內日本民眾對中親近程度的對比演變趨勢，並在刪除不知道和未表態的百分比後，整理成圖 5-2 以直接觀察親近和不親近兩種態度間的歷年勢力對比長條圖。從高低點來看，日本民眾對於中國的親近度的最高點出現在 1980 年，當時的對中親近度高達 78.6%，最低點出現在做出停止對中有償貸款決定的 2005 年，該年的親近度低至 32.4%，最高點和最低點相比較，兩者的比重幾乎呈現翻轉，反映出總體趨勢自 1980 年代中後期以降對中親近度逐年下滑的現象，並在

1991 年時首次跌破 50%，顯見過半數的民眾已經不再對中感到親近，代表這二十多年的中日交往和相互認識加深，卻反而使日本民眾對於中國更不感親切，也呈現出以 90 年前後為基準，中日雙方民族主義對立激化，並成為一個重要的轉折點。

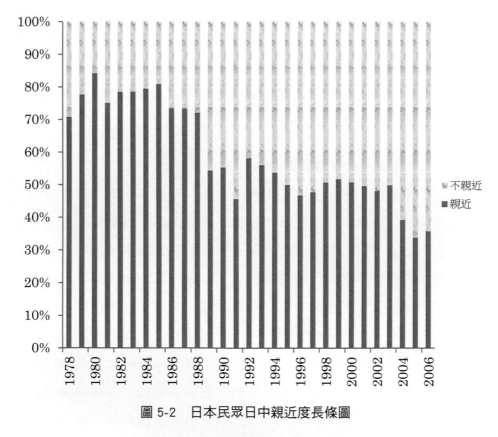

圖 5-2　日本民眾日中親近度長條圖

資料來源：作者整理自日本內閣府，「外交に関する世論調査」，
〈 http://www8.cao.go.jp/survey /index -gai.html 〉

　　另一項由日本外務省所做的民意調查則是日本民眾如何看待日中關係，調查日本民眾對於該年度的日中關係是否感到良好，但這項調

查開啟較對中親近度調查為晚，從 1986 年才開始正式調查，啟動調查的第一年就創下了最高點，有 76.1%的日本民眾認為中日雙邊關係良好，但自此之後就呈現下降趨勢，中間雖兩度回升，但還是不敵中日雙方摩擦增加的事實，直到 2005 年時創下最低點，有 71.2%的民眾認為雙邊關係不好，而圖 5-3 也是在去除不知道和未表態的數據後，將認為良好和不好的相反意見直接製成力量對比圖，從圖中可以看出 1995 年時，認為雙邊關係不好的民意首次勝過了認為關係良好者，此前十年由中日關係良好穩定處於多數的態勢不再。這項民調數據可以證實前項民調數據的可信度，仔細觀察兩者數據，相差不大，因此：

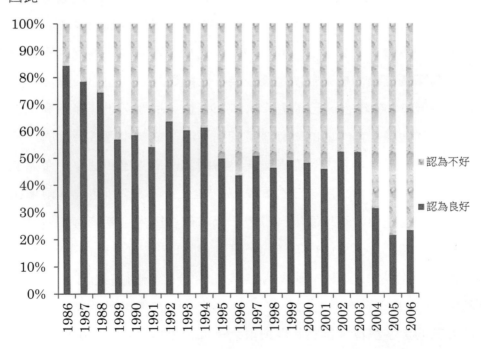

圖 5-3　日本民眾所認為的中日關係友好度調查長條圖

資料來源：作者整理自日本內閣府，「外交に関する世論調査」，
〈 http://www8.cao.go.jp/survey/ index-gai.html 〉

作者可以認為此項日本官方民調數據可靠，並沒有明顯的誤差，且可以顯示日本民間社會對於中國的看法，由於前項數據的資料範圍可以涵蓋日對中援助借款的整段時間，因此作者的迴歸模型將使用前項數據作為依賴變項。

（二）軍事威脅

中共國防軍費發展

軍事威脅論指出了中國的軍事威脅將減低日本對中援助的意願，這同時也可以探究是否日本有「中國威脅論」，在中國威脅論中，最常被運用的數據即是中國的國防軍費的逐年提高，此被中國威脅論者當作是中國軍事威脅的實質證據。圖 5-4 顯示了中共國防軍費支出不斷上漲的事實，尤其是進入到 1990 年代後，隨著中國經濟的迅猛發展，其軍費支出的成長幅度也幾乎成等比級數增長，拉出一道陡升曲線，截至 2007 年止，已高達了 3,554.91 億人民幣，也無怪乎周遭國家和世界強權對於中國的軍費增長感到憂心，成為中國威脅論的一項立論基礎。但中共官方也從軍費支出占國家財政支出和國家生產總值（GDP）比重兩點來為自己的軍費增長辯護，圖 5-5 所包含的兩項比重的折線變化中，可以看出自 1979 起的確在國內生產總值和國家財務支出兩項比重上是逐步下降的，軍費占 GDP 比重更是在 1986 年首度跌破百分之二以後，平穩的維持在百分之一到二之間，並且至 2007 年止都未再突破過百分之二，可見得雙方其實都是找尋了對自己有利的數字解釋。當然此現象很大一部分是因為中國 GDP 的快速增長以及可能的隱蔽國防預算等因素，而出現金額上屢創新高但比重上卻平穩趨緩的反差現象，但在本章中並無意細表中國軍事預算的變化成因。

　　而此變項與本章研究的關連性，主要是對於日本終止有償貸款的政治解釋中，其中關注中國威脅論者，一向著重在強調中共軍費的逐年增長，這導致了日本對於中共在亞太地區擴張軍事能力的憂心，有了日方提供貸款是否變相幫助中共將經費挪往軍事用途的疑慮，因此本章將中共國防白皮書內所公布的歷年國防軍費納入計量模型之中，與其他政治經濟變項一同檢證。

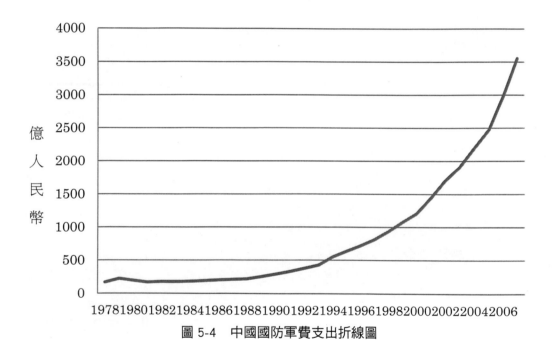

圖 5-4　中國國防軍費支出折線圖

資料來源：作者整理自「1978—2007 年中國國防費基本資料」，**2008 年中國的國防**，
〈http://www. gov. cn/zwgk/2009-01/20/content_1210224.htm〉

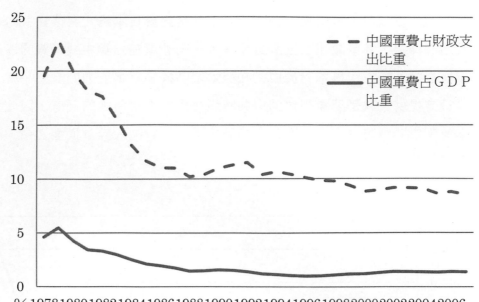

圖 5-5　中國國防軍費比重折線圖

資料來源：作者整理自「1978—2007 年中國國防費基本資料」，**2008 年中國的國防**，
〈 http://www.gov.cn/zwgk/2009-01/20/content_1210224.htm 〉

（三）經濟威脅

(1) 中日 GDP 之差距

　　伴隨著 80 年代以來中國經濟發展熱潮的是日本經濟停滯不前的
的反差現象。若要檢驗以日本經濟景氣衰退為基礎的理論觀點，可直
觀的從日本國民可支配所得變化來瞭解，理由在於民間輿論來自於人
民最切身相關的感受，經由媒體報導被放大到足以影響政策決定過
程，而能夠直接使經濟景氣和民眾自身處境相連結的數值，就莫過於
國民可支配所得，其算法有兩種，一為按市價計算之國民所得減去國
外經常移轉支出淨額，或者是政府和民間消費加上儲蓄，故能夠代表

經濟消費和財富積累情況。[232]從圖 5-6 來看，自 1980 年起原本一路
攀升的日本國民生產總值和可支配所得，在進入 1990 年代以後，基
本上就呈現了停滯狀態，尤其是國民可支配總值多在四百兆日圓左右
擺盪，且一度在 2002 年時跌破此線，反映出日本陷入經濟衰退期
後，苦苦支撐的經濟財務狀態，也因此可假設此數據或多或少反映日
本政府吃緊的財政支出預算分配，而產生限制對外日圓借款的民意有
所關連。

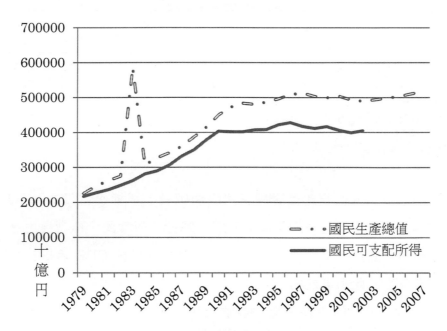

圖 5-6　日本國民生產總值與可支配所得折線圖

資料來源：作者自繪資料整理自日本內閣府，〈http://www.esri.cao.go.jp/jp/sna/kakuhou
　　　　　/kekka/h21_kaku/h21_kaku_top.html〉

---

[232] 行政院主計處，國民所得統計年報民國97年（台北，行政院主計處，2010），頁98。

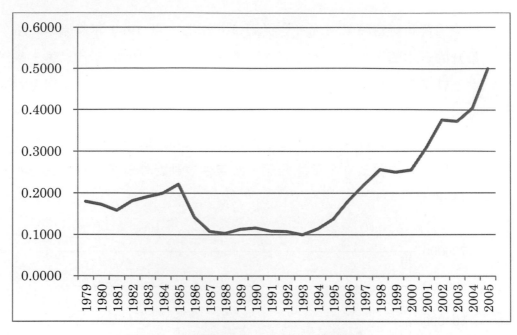

圖 5-7　日本與中國 GDP 差距比值折線圖

資料來源：作者自製

　　然而，要去探討日本是否感受到經濟威脅，單純使用日本 GDP
或是中國 GDP 都不全然能夠顯示何謂「威脅」。就此，作者運用合
理的指標是中國與日本經濟發展之間的差距：將中國 GDP 除以日本
GDP，換言之，此指標能夠顯示出日方如何以日本經濟發展為基礎，
去看待中國 GDP 的成長，能夠客觀指出「威脅」部分。此指數越
高，則作者可以合理的預測日本感受到來自中國的經濟威脅就越大。
為求顯示日本的看法，作者捨棄採用普遍使用的世界銀行資料，而是
使用日方自行公布的數據來計算兩者 GDP 差距相除後的比值，由圖
5-7 可以看出進入 1990 年代以來，歷經短短三年兩國持平的狀態
後，自 1994 年起日本就一路被中國在 GDP 上拉開差距，而且中國在
這方面的優勢呈現一往無回的趨勢，該比值越來越大，也代表中國經

濟成長對於日本的經濟威脅不斷上升。

(2) 中日經貿關係

　　日對中借款援助，是否功成身退，一個重要的測量指標是中日雙
方的經貿關係的變化。當時序進入 1990 年代，中日經貿關係逐漸深
化時，兩國的進出口貿易往來顯然是逐步增長的，圖 5-8 顯示出了中
日貿易進出口總額呈現出向上快速攀升的趨勢，中日貿易關係的深化
已經是不可逆的過程，除 1997、98 年間曾短暫下降外，其餘時間皆
是往上攀升，截至 2006 年止已高達 236,640 百萬美元。

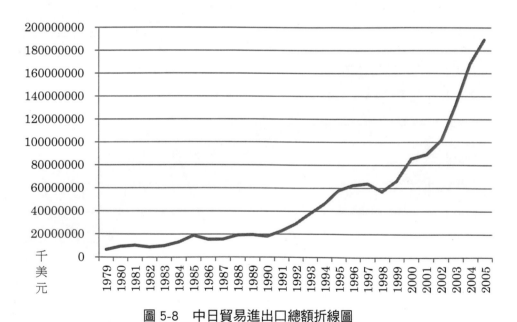

圖 5-8　中日貿易進出口總額折線圖

資料來源：作者整理自日本外務省，「各國地域情勢」，

〈 http://www.mofa.go.jp/mofaj/ area/china /boeki.html 〉

　　另一項可代表雙邊經貿關係的數據為國外直接投資（foreign
direct investment，簡稱 FDI），這裡指的是來自日本的對中國大陸直
接投資，從圖 5-9 來看主要有三個高峰期，分別為 1987、1995、
2004 三年，因此整體呈現的是比較不同的波段震盪，故對於中日經
貿關係而言是不可忽視的現象，因大規模直接投資代表對該地區的產
業分工建置和後續市場開發的戰略布局，因此有別於持續穩定增長的
雙邊貿易總額，具有產業發展的階段性意義，因此特別需要將此變數
納入後續模型內分析。

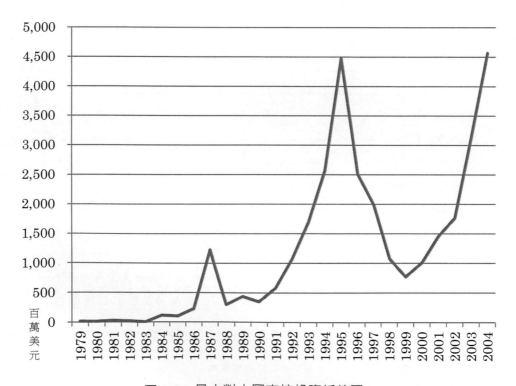

圖 5-9　日本對中國直接投資折線圖

資料來源：作者整理自日本財務省，「対外及び対内直接投資状況」，〈http://www.mo
　　　　　f.go.jp/interna tional_policy/reference/itn_transactions_in_securities/fdi/index.
　　　　　htm〉

第四節　迴歸模型與分析結果

　　由於作者使用的資料為時間序列（time-series data）且樣本數不大，因此為了避免分析產生的誤差，作者選擇使用階差分模型（first-difference model）進行分析。之所以運用這個模型，主要因為作者的依賴變項「日圓援助」有顯著的時序相關（serial correlation），並且其自我時序相關（autocorrelation）具有單根（unit root）的特性（日圓援助的時序相關係數為.85，F 檢定此相關係數=1 的 p 值為.32，因此無法拒絕此虛無假設），這允許作者採用一階差分模型進行迴歸分析[233]。因此，作者的迴歸模型為：

$$\Delta 日圓借款 = \beta_0 + \beta_1 90年代 + \beta_2 \Delta 日對中親近度 + \beta_3 \Delta 中國軍費 + \beta_4 \Delta 中日GDP差距 + \beta_5 \Delta 中日貿易額 + \beta_5 \Delta 日對中投資 + \Delta 誤差項$$

　　下表顯示了透過差分化後所有變項迴歸的結果：

表 5-1　影響日對中有償日圓借款金額之多元線性迴歸分析

日圓援助	係數	標準差
90 年代	221.544	148.542（138.009）
日對中親近度變化	5.308	9.238（12.975）
中國軍費成長	-2.651**	1.137（.683）
中日 GDP 差距	-1887.789	2303.999（1888.492）

---

[233] 儘管Prais-Winsten與Newey-West模型也可以解決時序相關的問題，然而由於這兩個模型要求大樣本，考慮到作者樣本僅有1980年至2004年，因此此處作者不考慮使用。

中日貿易額變化	0.0000167*	0.000（.000）
日對中投資變化	-0.195**	0.079（.089）
常數	45.271	87.408（103.209）

N=24，R^2=0.5062，

附註：**代表 p<.05，*代表 p<.1，括號內為 robust standard error。
資料來源：作者自行整理

　　作者的迴歸結果指出幾項結論，分別針對從四種理論假說所衍生出的假設而論：首先，民族主義論似乎無法解釋日本對中援助的變化，如表所示，儘管 90 年代的虛擬變數以及日本民間對中國的親近程度都沒有達到顯著水平。當中更令人玩味的是，90 年代以後的平均日本援助還比 80 年代多了 224 億日圓，這樣的正向關係（儘管不顯著）指出民族主義論基本上無法解釋日援金額的增減。

　　再者，中國的軍費成長呈現了顯著的負相關，當中國軍費增加一億人民幣，則日方的援助金額會減少將近兩億七千萬日圓，表示中國軍事威脅論是一個可能的解釋。

　　第三，分析結果並不支持經濟威脅論，儘管迴歸係數符合經濟威脅論的預測，說明了中國經濟總量越接近日本的經濟總量，則 ODA 會相應減少，不過並沒有達到顯著水平。

　　最後，迴歸分析顯示功成身退論可以解釋日本為何減少甚至停止對中援助。其中兩個變項「中日貿易變化」以及「日對中投資變化」都達到顯著水平。值得注意的是，作者的分析模型中，若用單純線性迴歸不考慮異方差（heteroskadasticity）的問題，「中日貿易變化」顯著水平低於考慮到異方差。簡單來說，如果作者不考慮模型 robust 問題，p 值為.55，而用 robust 標準差則 p 值為.23，這可以使作者更

堅信「中日貿易變化」的顯著性，不過由於係數幾乎趨近為 0，其影響力可能沒有如作者想像的大，反而日對中投資額的變化更可能作為日本考慮對中援助的因素。「日對中投資變化」則都達到 p 小於.05 的顯著水平，日對中投資每增加一百萬美元，則日本援助中國的金額將減少兩千萬日圓，這符合前述功成身退的假設。

第五節　小結

從政治類因素的理論假設來看，計量分析的結果證明民族主義論所衍生出來的假設均無法成立，其意義為對中日圓貸款的金額並沒有如民族主義論所預期的隨著兩國親近度下降而減少借款金額。若以 90 年代作為分界來看，雖然統計結果證明這樣的區分可能不是那麼顯著，但自此以後一段期間，對中貸款金額不降反增的理由，可能和 1991 年日本主管 ODA 的執行單位國際事務協力團「國際事務協力團」所發起「中國國別援助研究會」的研究結論有關，其結論被稱為對中援助的新四原則，包括了以日中友好和世界和平為目的、支援中國的經濟改革和對外開放、修正經濟發展造成的不均衡問題、需考量其人口和國土規模。[234]其中第四原則代表考量其人口和國土規模，給予相應的援助金額，並加強支援中國改革開放的力度，因此使金額有所增加。

新四原則發表十年後，於 2001 年 10 月外務省公布的「對中經濟

---

[234] 「JICA 中国援助研究の系譜──大来佐武郎から渡辺利夫まで」，国際開発（2002），No.550，頁17。

協力（合作）計畫」當中，更是清楚提出要以 1992 年「ODA 大綱」
的四原則為基礎，[235]從過去重視沿海地區基礎建設的援助項目，轉
變為以內陸的民生社會發展、人才培育、環境保護，並認為日方應朝
以下幾個目標努力完善對中 ODA 的實施：[236]

1. 以取得本國國民的理解與支持為基礎，立足於日本國家利益，詳
   查逐個項目，按照重點領域和課題，實施有效率的援助。（經濟
   威脅論）

2. 隨著中國的經濟發展，在中長期內使中國本身的國內資金及海外
   籌措而來的民間資金發揮重要作用。（功成身退論）

3. 除了 ODA 外，需與其他政府資金、民間資金有效結合，以實現
   高效率又有成果的目標。

4. 希望中國在整合進入與國際經濟社會的同時，在政治上負擔起做
   為國際社會成員的重要職責，並使 ODA 的實施能夠促進中國的
   市場經濟化以符合日本的期望。

5. 我國（日本）實施對中經濟合作的同時，應注意不能違背「ODA
   大綱」當中，關於不准增強中國軍事力量相關的原則。（軍事威
   脅論）

　　從這次援助計畫內容來看，其實已涵蓋了除民族主義論之外的另
外三項理論，而當中功成身退論和軍事威脅論與作者分析結果則是相

---

[235] 1992ODA大綱四原則：一、兼顧環境與開發；二、避免被用於軍事發展及引起國際爭端；三、
維護和加強國際和平穩定，尤其應注意大規模毀滅性武器的擴散；四、注意發展中國家在促進
基本人權、市場經濟和民主化上的努力。隨後2003年的「新ODA大綱」亦繼承了此理念，可參
見日本外務省，「政府開發援助大綱」，1992，〈http://www.mofa.go.jp/mofaj/gaiko/oda/seisaku/
taikou/taiko_030829.html〉

[236] 日本外務省，「对中国经济协力计画」，2001，〈http://www.mofa.go.jp/mofaj/gaiko/oda/seisaku/
enjyo/china_gai.html〉

符合的，但為何經濟威脅論無法在統計上得到有效的證明，其背後原因就值得進一步解讀。

本章從歷史脈絡來看，中日兩國經濟實力差距的逐步縮小之所以未能直接從統據數據上影響到對中日圓借款，或許與兩國長期建立起的經貿關係穩定成長有關，當兩國經貿數據飆升時，擁有廣大市場和轉型空間的中國大陸就成為經濟實力發展的受益者，即使造成了日本的經濟優勢不再，但日本已反過來依賴中國大陸的市場和勞力密集商品的供應，而這也是當初日商前往中國大陸投資所造成的連帶效果，所以從這點上很難成為反過來成為減少對中日圓借款的重要影響因素，或者更確切的說經濟威脅論不如功成身退論來的有力。

綜觀政治和經濟兩種類別的計量分析表現，單一政治因素的解釋能力皆無法獨自完成對於日圓借款的解釋效果，統計分析只是提供了一個可以客觀檢證各項假說理論的角度。而且對於每個結束日圓借款理論的檢證，都充滿後續針對性深入研究前因後果的契機，就不是本篇幅所能一一呈現，有待進一步的後續研究充實。此外，未來的研究能夠運用此框架，進行更進一步的分析，例如現有的日本對非洲各國的援助，亦或探究過去美國對東亞之援助，都能夠更進一步強化本章的分析架構，並且充實以金援分析外交關係之理論普遍性（generalization）。

第六章　結論

　　本章以下三節之研究發現，將與在第一章提及的研究目的相呼應並做出回答，三點研究目的分別是：

1. 日本不同時期的主要利益變化，如何造就了不同形式的政治經濟聯盟，使得由政界、官僚、財界所組成的政治決策鐵三角內的權力分配產生了何種相應的傾斜？為何學界對鐵三角運作的模式存在分歧的看法？

2. 日本對中國的經濟外交策略的制訂到執行的過程中，有哪些行為體牽涉在其中？如何被政治經濟聯盟的變化所影響而產生改變並反映在有償日圓借款？

3. 質化和量化途徑在日本對外政策的研究上，是否有對話空間？何種途徑較適當或是二者屬於互補關係？

　　針對第一個研究目的，本章第一節表 6-2 的說明做出了回答，透過轉化 Hill 的政治經濟聯盟模式，得到了符合日本對中 ODA 的二對二模型，並分類出四種鐵三角運作的聯盟形式；第二個研究目的可在第一節的表 6-1 以及第二節得到回答，鐵三角是主要的行為體，而不同時期的行為動因造成了聯盟的變化，進而產生政策改變；第三個研究目的則是於第三節有所回應，質量化的研究方法提供了彼此參考的對話空間，二者形成的是互補關係。

第一節　日本對中有償貸款之政經聯盟變化動因與形式

　　本節的研究發現回答了第一點研究目的，本論文通篇以國家─社
會之政治經濟分析途徑對於日本的對外決策體系耙梳整理，認為日本
的政官財鐵三角模式在代表了其特有政治模式的同時，也提供了研究
者得以兼顧其特殊性並和理論對話的機會。從表 6-1 當中可以看出在
政官財鐵三角內的行為者動因，由於各自理性考量所認定追求的價值
不同，因此就反映在不同的行為動因上，但即使動因不同，但為求達
到目的所採的手段，往往是在鐵三角的機制當中藉由相互結盟來運
作，因此當行為者之間的利益衝突時，會尋找較為接近的另一行為者
合作抗衡持反對意見的第三方，或者利用行為者內部的分歧進行遊說
工作。表 6-1 整理出日本對中國大陸的 ODA 政策在開始和結束的兩
個重要事件點時，鐵三角各自的行為動因，從中不難看出動因的來源
有著國際政經環境背景的考量，例如在決定開啟對中 ODA 的事件點
上，官僚為過多的日圓尋求去處的動因，有著當時國際經濟的考量，
而政黨為增加確保日中關係的實質手段，則屬於國際政治上的考量，
故行為者多半是鑲嵌在國際環境下，並受其制約的理性行為者，在事
件點上通過不同的理性動因，採取了相應的結盟選擇。

表 6-1　鐵三角決策行為者的理性動因

	政黨	官僚	財界
開啟 ODA 動因	確保改善雙邊關係的經濟手段	找尋日圓去處、促進雙邊經貿發展	確保貿易協定的資金來源、參與投資
結束 ODA 動因	回應日本反中民怨的政策宣示、避免助長中軍事	減少預算支出、對中國已無效益	財界中主要集團從中獲利降低

資料來源：作者自行整理

　　另外，表 6-1 也顯示了日本對中有償借款始末的動因變化，國家與社會之間的理性考量也有所不同，尤其在社會這部分，一方面財界本身已無須藉由 ODA 的形式獲得雙邊貿易的資金保障，且已建立了對中的貿易管道，無須透過日本政府搭橋；另一方面，財界占據社會意見中心的優勢地位不再，隨著五五年體制瓦解，日本政黨更加注意民意動向，而專家集團也不斷湧出，從而在媒體上得到民間意見領袖的地位，所以當部分的資深媒體人、學者專家鼓吹重新檢討對中 ODA 的政策時，就形成了一股民間輿論壓力，迫使政黨必須有所回應。政黨在必須尋求社會支持的情況下，選擇占據主流的民意支持，而財界也不再有足夠動因維護 ODA 政策，因此反映出了不同的結盟形式。

　　作為本文結論的另一發現是，隨著全文的漸次推論，可以發現有兩項主要因素決定了不同時期鐵三角內的政治經濟聯盟型態，也就是隨著「日本民眾對中國民意親近度」、「基礎建設占有常貸款比例」等兩項因素的高低，交叉而成不同的行為者動因考量，形成了對各有利的聯盟型態。其中「基礎建設占有償貸款的比例」在 2000 年以後大幅降低造成的影響，這已經在第四章中敘述過不再贅述，再從民意

這點來觀察，雖然日本官方沒有調查民眾對中國 ODA 的看法，但可以從圖 5-2 所顯示日本民眾對於中國親近程度變化來解讀，1979 年決定實施對中 ODA 時，日本民眾對於中國的親近程度極高，有高達 70.9％的日本民眾對於中國感到親近，然後在隔年也就是 ODA 實施的第一年達到最高峰，有 78.6％的民眾對中國感到親近，顯示的確在做成對中 ODA 決策時，政官財鐵三角等政策參與者的互動結果與日本民意基本上是一致的，但隨時間推進，即使忽略 1989 年天安門事件之類的重大歷史事件所造成的親近度劇降，整體上的對中親近度仍是呈現逐年下滑的趨勢，並使得檢討對中 ODA 的聲浪也隨之上升，並在決定終止對中有償貸款的 2005 年時降到自民調展開以來的最低點，對中國的親近度僅僅剩下 32.4％，也因此各行動者的互動聯盟重組甚至做出終止有償貸款的決定，也是十分符合當時社會民意背景的互動結果。

　　所謂社會科學中的學理性解釋，亦即在經驗性資料中，抽繹出抽象性的原理原則，建立起可驗證的科學模型，前文已將此案例的開始與結束的政治經濟背景和行為者動機做出了比較，而之所以會使得決策中的行為者的聯盟產生變化，筆者試圖融合既有文獻的政治解釋和經濟解釋，鑑於之前文獻羅列式的舉出各種可能影響因素而莫衷一是，因此本文藉由比較了對中國大陸有償貸款始末兩決策時期，並對客觀背景因素重建之後，認為當中的「日本對中國的民意親近度」和「基礎建設案占有償貸款比例」兩項是造成日本對中國經濟外交政策變動的決定性影響因素，以下做成兩兩對照的政治經濟聯盟模型於表 6-2，在各因素相對照的情況下，可變化為以下四種政經聯盟類型的互動模型。

表 6-2　對中有償借款決策之政經聯盟形式對照表

政經聯盟形式		日本對中國民意親近度	
		高	低
基礎建設占有償借款比例	高	政黨＋財界＞官僚 （1979 開啟對中有償借款時）	財界＋官僚＞政黨 （1989～1996 歷次凍結借款時）
	低	無	政黨＋官僚＞財界 （2005 結束有償借款時）

資料來源：作者自行整理

　　比例高民意高：在兩項因素都很高的時候，政黨和財界有充足動機建立聯盟推動對中國經濟外交政策，而這對於官僚卻都只有間接影響，因為官僚不會從高民意中獲利，但政府中有部分部門可以從經濟發展中獲得收益，因此對官僚來說是分歧的，故政黨和財界會聯合部分受益官僚壓過反對的官僚形成政策，最符合的例子是 1970 年代日中關係正常化前到實施對中 ODA 時的日本政經聯盟狀態。

　　比例高民意低：當民意支持度低時，往往是兩國關係交惡的時期，但是對中的投資獲利並不因此而減少，這通常出現在中日政冷經熱的時期，如 1989 年天安門事件的發生引起國際制裁，日本政府隨即跟進停止對中 ODA 貸款，但是財界認為這會影響到雙方經貿關係而在台面下活動，最終促成日本在天安門事件後，成為國際社會上第一個回復對中援助的國家。

　　比例低民意高：無，目前為止不曾出現過這樣的狀態。

　　比例低民意低：進入到 2000 年以後，日本對中國的 ODA 就開始逐年下降，此狀況是由於 ODA 方向轉折，使財界最能直接獲利的基礎建設項目被減少，失去了持續遊說力度的動因，但不能說完全驟降為零。而政界為求呼應民意輿論的反中壓力而重新檢討對中 ODA 的必要性，官僚也樂於配合減少支出，且基於其專業考量下，日本對中的 ODA 效用確實也在下降當中。因此政經聯盟的形式很明顯，政黨加上官僚即能對應無甚鬥志的財界，完成終止對中 ODA 的決定。

　　綜上所述，本文結論在於歸納日本對中 ODA 決策的始末動因、決策模式和聯盟狀況後，發現對中 ODA 計畫的決策過程中，能否具體為參與的民間企業帶來好處以及民意對於 ODA 計畫的支持這兩者，交錯支配了最終得以獲勝的政經聯盟形式，並得以在日本所特有的鐵三角模式當中進行政策產出，而政治經濟學途徑則是為我們發現在鐵三角運行過程的聯盟變化提供了路徑。

第二節　「國家─社會」途徑對政官財鐵三角模式之修補

　　政官財鐵三角模式以往被視為解釋日本政治模式的重要理論，但隨著日本國內政治生態的變化，以及國際經濟分工的轉變，使得過去社會菁英式的寡頭決策模式受到了更大的挑戰，因此國家社會模式的適時引進有其必要性，尤其套用在日本的特殊政經環境下時，修補舊有的封閉性鐵三角模式可能比創設新模式要來的符合現實經驗證據。政、官、財界之間的權力菁英以相互滲透的方式保證了人員的相互流動和連結，如財界菁英和官僚被納入政黨政治、官僚退休後空降到民間企業等方式，使鐵三角間保持緊密的結合，也讓重大決策往往在這

樣的小圈子內協調成形，但來自圈子之外的社會制約力量卻逐漸增大，使得他們無法繼續緊縮在自己的鐵三角殼中。國家社會模式重視非國家權威如何在重要議題上發揮不同於國家的影響力，而國家如何應對和與之結盟，在本研究的日本案例中，隨著時間演進，日本對外政策不再是少數政官菁英所從事的國際權力平衡遊戲，也不再是發展型國家以行政指導掌控產業走向的時代，取而代之的是媒體監督和公民意識崛起的決策環境，即使政、官、財界之間的相互滲透仍然存在，但都不得不在五五年體制崩解後，被迫更直接面對來自社會的監督和意見表達，不然就會在立即在更迭頻繁的國內政局當中被淘汰，所以本文認為五五年體制的崩解使非國家權威的影響力上升，讓日本決策過程和政策目標更貼近正常國家社會關係該有的樣貌。

　　最後從國家結構、社會結構及政策網絡三點來看政官財鐵三角的變化，首先可以發現日本的國家結構從集權轉為分散，這點表現在自民黨一黨獨大到下野，然後再重新藉由聯合執政方式上台的過程，這點使得日本官僚在被制約程度上起了變化，長期執政的自民黨有完整的制度和官僚協調，並有專業資深的族議員主導政策推行，而官僚也懂得如何配合自民黨的長期執政需求，但在五五年體制崩解後，在野的政黨上台後必須借重官僚的力量治理國家，他們得到更多的裁量權，即使後來自民黨再次回到執政地位，官僚已經懂得在政黨間保持距離，維持自身的決策地位和部門利益，作法就是更加強調依法行政和照章辦事；其次，社會結構也從集中朝向分散化，由於財界在五五年體制期間，從與自民黨密切配合收穫經濟成長的果實，得到政策回報的種種好處，甚至延伸到對外的 ODA 政策，藉由限制條件的援助中得到援助計畫利益，等於變相把政府的錢從受援助的開發中國家在轉回日本企業口袋，這不得不合理推斷政黨和執行官僚有偏厚日本企

業的考量存在，但這也因為五五年體制崩解後起了變化，財界也被迫
在各政黨間分散投資，因為不知道下個上台的政黨是否還會採取對財
界有利的態度，而政治獻金法又大大縮減了財界最強大的影響手段，
這使得社會結構也從本來集中在少數財界身上的影響力，逐漸分散到
其他公民團體和日漸發達的大眾傳媒；綜合前兩者呈現分散化的影
響，再回頭看鐵三角所構築的政策網絡，可以發現在逐步被迫擴大決
策基礎當中，網絡的成員不再限於三角內部，而是必須逐步被直接或
間接的民意訴求的要求而有所回應，故在財界形同退出對外決策網絡
的同時，讓社會上其他力量得補充進入其中發揮影響政策之力，最終
導致了政經聯盟形式質變，結束了近三十年的對中日圓借款。

第三節　質量化途徑交互效果及限制

　　本文透過質化的政治經濟理論探討日本對中國經濟合作的決策過
程，其優點在於能夠有效檢視區分國家和社會的行動者角色，將政經
的聯盟形式進行整理分類並加以明確界定。另一方面，透過歷史文獻
整理和訪談專家學者，能夠在理論指導下得到了更多經驗證據對該理
論進行實證研究。而量化途徑則是對於質化研究所推導出的各種理論
假設提供客觀的檢驗方式，從跳脫歷史情境脈絡的角度，檢驗質化理
論和實證證據間的相關性，更直接的說，量化研究可以作為判斷質化
理論說服力的參考，統計分析可以將理論假設和真實呈現的資料數據
之間，是否存在該理論所宣稱的解釋能力，來判斷其理論的適用性，
並以數據方式呈現其解釋能力多寡。

　　質量化研究長期以來有其相對立的地方，例如價值立場、歷史文

化脈絡與客觀測量的取捨、訪談或統計的收集資料方法的不同等等，但本文並不認為兩者是互相排斥的，反而目標是做出一篇質量化兼容並蓄的研究成果，因為在社會科學將過行為主義和後行為主義的年代之後，力求兩者間的平衡並互相學習對方的優點，已逐漸成為新的社會科學研究者所嚮往的方向，許多對社會現象有真知灼見的經典研究，都已經採用了這樣的質量化兼具方式，並為學界所推崇，[237]故利用了量化分析的方法，將關於對中有償借款結束因素的各理論文獻整理分類後，再以適合各假設的統計方法檢驗其相關性和解釋能力，最後得以用統計數據對於這些理論進行中立客觀的評價，而檢驗的結果也頗令人滿意，得以分辨出真正具有統計相關性的關鍵性假設理論（如軍事威脅論、功成身退論），或者檢驗出解釋力不如一般預期的假說（例如民族主義論、經濟威脅論），這些都藉由量化途徑的引進，使得在解釋對中決策過程現象的理論取捨上發揮了一定的功效，但也不能避免量化變數的選擇未能夠百分之百代表質化理論中所涉及的變數，因此質量化之間的結果多少會有所誤差，不能武斷論定質化研究的成果或量化成果之優劣，而僅能作為二種不同途徑結果的對話參考依據。

最後，回到本文的研究目的，欲探討整體日本對外經濟外交政策如何受到政治經濟聯盟變動所影響，必須從日本和幾個具有代表性的受 ODA 援助國的互動當中觀察。而從本文所選擇的案例當中可以看出，日本整體 ODA 體制改革連帶造成援助方向的變化，而該方向的變化影響到以兆計算的大量 ODA 資金流向和背後的政治經濟利益板

---

[237] W. Lawrence Neuman著，朱柔若譯，*社會科學研究方法──質化與量化取向*（台北：揚智出版社，2000），頁26~27。

塊變動，當政經聯盟的主要行動者間有足夠之共同利益時，將會尋求結盟但不打破鐵三角的方式，產出有利當時優勢獲勝聯盟的政策結果，而該利益可以是政治利益也可以是經濟利益。或許在未來其他案例可以進一步延伸去探討，日本 ODA 體制的改革又是處於何種政治經濟聯盟的改變，又或是因為國際 ODA 潮流等壓力所迫，造成日本 ODA 決策體制改變。

本文在研究上面臨以下限制，因篇幅關係有待未來後續研究解決，首先是關於量化分析結果的論述，因為本文在變數的數據資料收集有所侷限，例如中國軍費的不透明導致數據可能不真實，所以資料選取上可能未必完整代表質化理論中所指涉之變項，使得量化分析結果之代表性可能有所缺憾。其次是關於鐵三角模式的應用上，究竟財界角色應該算在國家社會關係中「社會」代表，或者是決定政治決策的少數頂峰組織之一，而自外於整體社會有著不同的行動誘因，例如財界往往代表大型企業而與中小企業時有衝突，這些在類似研究的界定上難以釐清，也是採取這種研究途徑是必須面對的難題。

參考文獻

一、中文專書

王新生，**現代日本政治**。北京：經濟日報出版社，1997。

石川真澄著，高泉益 譯，**漫談日本政治運作**。台北：台灣商務印書館，1996。

左正東，**國際政治經濟學**。台北：揚智出版社，2022。

石原忠浩，**日本對中共的經濟外交：ODA 之研究**。政治大學東亞研究所博士論文，2004。

包霞琴，臧志軍主編，**變革中的日本政治與外交**。北京：時事出版社，2003。

何思慎，**擺盪在兩岸之間：戰後日本對華政策**(1945-1997)。台北：東大圖書，1999。

何思慎，「冷戰後日本外交決策的持續與轉變」，黃自進編，**近現代日本社會的蛻變**。台北：中央研究人文社會科學研究中心亞太區域研究專題中心，2006。

李恩民，中日民間經濟外交（**1945~1972**）。北京：人民出版社，1997。

易君博，**政治理論與研究方法**。台北：三民書局，民 64。

村松岐夫、伊藤光利、辻中豊著，吳明上譯，**日本政府與政治**。台北：五南出版社，2005。

金熙德，**日美基軸與經濟外交：日本外交的轉型**。北京：中國社會科學出版

社，1999。

金熙德，日本政府開發援助。北京：社會科學文獻出版社，2000。

金熙德，**21 世紀初的日本政治與外交**。北京：世界知識出版社，2006。

邱皓政，**量化研究與計量分析：SPSS 中文視窗版資料分析範例解析**。台
　　北：五南，2006。

徐之先主編，中日關係三十年。上海：時事出版社，2002。

秦俊鷹、潘邦順編譯，日本政治體系。台北：風雲論壇出版社，2001。

黃自進編，**近現代日本社會的蛻變**。台北：中央研究人文社會科學研究中心
　　亞太區域研究專題中心，2006。

張衛娣、肖傳國，**21 世紀日本對外戰略研究**。北京：軍事科學出版社，
　　2012。

馮昭奎、林昶，中日關係報告。北京：時事出版社，2007。

陳正昌、程炳林、陳新豐、劉子鍵，**多變量分析方法──統計軟體應用（第
　　六版）**。台北：五南，2011。

劉天純等著，日本對華政策與中日關係。北京：人民出版社，2004。

劉江永，**中國與日本：變化中的「政冷經熱」關係**。北京：人民出版社，
　　2007。

蔡增家，**誰統治日本？經濟轉型之非正式制度分析**。台北：巨流，2007。

龔祥生，「中共能源外交戰略之日本因素研究」。國立政治大學東亞研究所
　　碩士論文，2006。

Anthony M. Orum, John G.Dale 著，周維萱、張瀞文、匡思聖、周維
　　倫、鍾文博、黃馨慧、陳偉杰、莊旻達、王上維、謝易達、閔宇
　　經、陳宜亨、劉哲豪合譯，**政治社會學：當代世界的權力和參
　　與**。台北：巨流圖書股份有限公司，2012。

Earl Babbie 著，劉鶴群、林秀雲、陳麗欣、胡正申、黃韻如譯，社

會科學研究方法（第十二版），台北：雙葉書廊，2010。

Helen V. Miner 著，曲博譯，**利益、制度與信息：國內政治與國際關係**。上海：人民出版社，2010。

Kevin Narizny 著白雲貞、傅強譯，**大戰略的政治經濟學**。上海：人民出版社，2014。

R. Carter Hill, William E. Griffiths, Guay C. Lim 原著，黃志聰、梁儀盈譯，記量經濟學。台北：雙葉書廊，2013。

Robert. Gilpin 著，楊宇光等譯，**全球政治經濟學：解讀國際經濟秩序**。上海：人民出版社，2003。

Uwe Flick 著，李政賢、廖志恆、林靜如譯，**質性研究導論**。台北：五南，2007。

W. Lawrence Neuman 著，朱柔若譯，**社會科學研究方法-質化與量化取向**。台北：揚智出版社，2000。

二、中文期刊論文

石原忠浩，「日本政府開發援助政策之研究——以對中共的援助為例」**問題與研究**，第 37 卷，第 10 期（1998），頁 53~70。

石原忠浩，「日本經濟外交政策的決策模式：以政府開發援助為例」，**東亞季刊**，第 33 卷，第 3 期（2002），頁 1~24。

吳明上，「日本政治過程的主導者：官僚、政黨及政治人物之間的競爭或合作？」，**問題與研究**，第 47 卷，第 3 期（民國 97 年 9 月），頁 66~69

柯玉枝，「當前日本對中共 ODA 政策轉變的分析」，**中國大陸研究**，第 43 卷，第 12 期（2000），頁 17~35。

陳伯志，「日本對中共官方援助之分析：一九七九至二〇〇〇年」，**問題與**

研究，第 40 卷，第 1 期（2001），頁 51~85。

劉冠効，「從李前總統訪日看日本外交決策過程」，**問題與研究**，第 40
　　卷，第 5 期（2001），頁 1~21。

蔡增家，「日本銀行體系之政經暨分析：從政府、企業、銀行與交叉持股觀
　　察」，**問題與研究**（台北），第 42 卷，第 2 期（2003），頁 55~78。

蔡增家，「日本經濟發展的非正式制度因素：以行政指導及官員空降為例
　　證」，**問題與研究**（台北），第 45 卷，第 6 期（2006），頁 107~135。

雷慧英、卓凌，「日本對華援助（ODA）政策調整的原因分析」，**東北亞
　　論壇**，第十五卷，第六期（2006 年 11 月），頁 80~81。

龔祥生，「從和諧社會到和諧世界的難題」，**國立政治大學中國大陸研究中
　　心通訊**，第十一期（民 96 年 1 月），頁 16~17。

龔祥生，「中國大陸石油安全研究——以『複合安全理論』分析」，**東亞研
　　究**，第 41 卷，第 1 期（2010 年 1 月），頁 119~161。

三、日文專書

小島朋之編，アジア時代の日中関係。東京：サイマル出版，1995 年。

天木直人，**さらば外務省！私は小泉首相と売国官僚をゆるさない**。東京：
　　講談社，2003。

井掘利宏、土居丈朗，**日本政治の経済分析**。東京：木鐸社，2006。

田中明彦，**日中関係 1945~1990**。東京：東京大學出版会，1991。

石井明、朱建榮、添古芳秀、林曉光編，**記録と考証　日中国交正常化・日
　　中平和友好條約締結交渉**。東京：岩波書店，2003。

外交政策決定要因研究會編，**日本の外交政策決定要因**。東京：PHP 研究
　　所，1999。

西川吉光，日本の外交政策——現狀と課題、展望。東京，學文社，2004。

西垣昭、下村恭民、辻一人著，**開発援助の経済学（第 3 版）**。東京：有斐閣，2003。

古賀純一郎，**経団連——日本を動かす財界シンクタク**。東京：新朝社，2000。

加藤淳子，「政策知識と政官関係——1980 年代の公的年金制度改革，医療保険制度改革，税制改革をめぐって」，日本政治学会編，**日本政治学会年報政治学（1995）**。東京：岩波書店，1996。

岩井奉信、曽根泰教，「政治過程議會役割」，日本政治学会編，**日本政治学会年報政治学（1987）**。東京：岩波書店，1988。

松本圭一，「日本の政策課題と政策構成」，日本政治學會編，**政策科学と政治学（年報政治学 1983）**。東京：岩波書店，1984。

村松歧夫，**政官スクラム型リーダーシップの崩壊**。東京：東洋經濟新報社，2010。

松浦正孝，**財界の政治経済史——井上準之助·郷誠之助·池田成彬の時代**。東京：東京大學出版社，2002。

青木直人，**中国 ODA 6 兆円の闇——誰のための、何のための「援助」なぼか！？**。東京：祥伝社，2003 年 9 月。

岡田浩、松田憲忠著，**現代日本の政治——政治過程の理論と實際**。京都：ミネルヴァ書房，2009。

岡田實，日中関係と **ODA**——対中 **ODA** をめぐる政治外交史入門。東京：日本僑報社，2008。

服部健治、丸川知雄編，日中關係史 **1972~2012 II 経済**。東京：東京大學出版社，2012。

信田智人，**冷戦後の日本外交——安全保障政策の国内政治過程**。京都：ミ

　　ネルヴァ書房，2006。

後藤一美、大野泉、渡辺利夫編，日本の国際開発協力。東京：日本評論
　　社，2005。

徐承元，日本の經濟外交と中國。東京：慶應義塾大學出版社，2004。

徐顯芬，日本の対中 ODA 外交──利益·パワー·価値のダイナミズム。東
　　京，勁草書房，2011。

高原朋生、服部龍二編，日中關係史 1972~2012 I 政治。東京：東京大學出
　　版社，2012。

高瀬弘文，戰後日本の經濟外交──「日本イメージ」の再定義と「信用の
　　回復」の努力。東京：信山社，2008。

降旗節雄，日本経済の構造と分析。東京：社會評論社，1993。

菊池信輝，財界とは何か。東京：平凡社，2005。

家近亮子、松田康博、段瑞聰編著，岐路に立つ日中關係──過去との対話
　　·未來への摸索。京都：晃洋書房，2007。

森本哲郎編，現代日本の政治と政策。京都：法律文化社，2006。

國分良成、添谷芳秀、高原明生、川島真著，日中関係史。東京：有斐閣，
　　2013

崛江湛、加藤秀治郎編，日本の統治システム。東京：慈學社，2008。

渡邊昭夫，戰後日本の対外政策──国際関係の変容と日本の役割。東京：
　　有斐閣，1991。

奥村宏，徹底檢証日本の財界──混迷する経団連の実像。東京：七つ森書
　　館，2010。

飯尾潤，政局から政策へ日本政治の成熟と転換。東京：NTT 出版株式會
　　社，2008。

関山健，日中の経済関係はこう変わった──対中国円借款 30 年の軌跡。

東京：高文研，2008。

Robert M. Orr, Jr.著，田边悟譯，日本の政策決定。東京：東洋經濟新報
　　社，1993。

四、日文期刊論文

村井友秀，「新・中国『脅威』論」，諸君（東京），第 22 卷，第 5 期
　　（1990 年 5 月）。

宮本融，「日本官僚論の再定義──官僚は『政策知識専門家』か『行政管
　　理者』か?」，年報政治学（東京），2006 年第 2 期。

高田智之，「分歧点えた日本の対中 ODA－硬軟織り交ぜた対応鮮明
　　に」，貿易＆産業，1999，Vol.467，頁 28~31。

後藤一美，「我が国の援助行政の実態分析──二国間直接借款を中心とし
　　て」，国際政治，64 号（1980 年 5 月），頁 64。

新山恆彥，「中国の WTO 加盟と対中 ODA の行方」，國際開發，2002，
　　No.543，頁 14~15。

「JICA 中国援助研究の系譜──大来佐武郎から渡辺利夫まで」，国際開
　　発，2002，No.550，頁 17。

五、英文專書

Banks, Michael and Martin Shaw, eds., *State and Society in International
　　Relation*, New York: Harvester, Wheatsheaf, 1991.

Dahl, Robert, *Who Governs: Democracy and power in an American City,* New
　　Haven, CT: Yale University Press, 1961.

Dan, Chihlung, "Retrospect of and Prospects for Taiwan–Japan Security Cooperation," Fu-Kuo Liu, Dean Karalekas and Masahiro Matsumura ed.. DEFENSE POLICY AND STRATEGIC DEVELOPMENT-Coordination Between Japan and Taiwan. Singapore: World Scientific, 2021, pp.105~115.

Domhoff, G. William. *Who Rules America: Power and Politics-5th ed.* New York: McGraw-Hill Companies, 2006.

Evera, Stephen Van. *Guide to Methods for Students of Political Science.* New York: Ithaca, 1985.

Grieco, Joseph M. G. John Ikenberry, *State Power and World Markets: the International Political Economy.* New York: Norton Company, 2003.

Hiscox, Michael J. *International Trade and Political Conflict.* Princeton: Princeton University Press, 2001.

Ikenberry, G. Johnson. and Michael Mastanduno ed. *International Relations Theory and the Asia-Pacific.* New York: Columbia University Press, 2003.

Itoh, Hiroshi ed. *The Impact of Globalization on Japan's Public Policy: How the Government is Reshaping Japan's Role in the World.* New York: The Edwin Mellen Press. 2008.

Jain, P., and T. Inoguchi ed. *Japanese Politics Today*, New York: St. Martin's Press, 1997.

Katzenstein, Peter J. ed. *Between Power and Plenty- Foreign Economic Policies of Advanced Industrial States.* Madison: The University of Wisconsin Press, 1978.

Keohane, Robert O. Helen V. Milner edit, *Internationalization and Domestic Politics.* New York: Cambridge University Press, 1996.

Kerbo, Harold R. and John A. McKinstry. *Who Rules Japan? The Inner Circles of*

Economic and Political Power. London: Praeger Publishers, 1995.

Krasner, Stephen, *Defending the National Interest: Raw Materials Investment and US Foreign Policy*, Princeton, NJ: Princeton University Press, 1978.

Kubota, Arika, "Big Business and Politics in Japan, 1993-95," in P. Jain and T. Inoguchi ed., *Japanese Politics Today*, New York: St. Martin's Press, 1997.

Lowi, Theodore J. The End of Liberalism, 2nd ed.(New York: Norton, 1979).

Masafumi, Mathuba. *The Contemporary Japanese Economy: Between Civil Society and Corporation-Centered Society.* Tokyo: Springer- Verlag Tokyo, 2001.

Pampel, T. J., "Japanese Foreign Economic Policy: the Domestic Bases for International Behavior," in Peter J. Katzenstein ed., *Between Power and Plenty- Foreign Economic Policies of Advanced Industrial States*, Madison: The University of Wisconsin Press, 1978.

Pekkanen, Saadia M. *Japan's Aggressive Legalism: Law and Foreign Trade Politics Beyond the WTO.* California: Stanford University Press, 2008.

Poulantzas, Nicos Political Power and Social Classes, London: New Left Books, 1973.

Ravenhill, John edit. *Global Political Economy*, 2nd ed. New York: Oxford University Press, 2008.

Risse-Kappen, Thomas ed., "Bringing Transnational Relations Back In: Non-State Actors, Domestic Structure and International Institutions", *Domestic Structure and International Institutions,* Cambridge: Cambridge University Press, 1995.

Rosen, Steven ed., *Testing the Theory of the Military-Industrial-Complex,* Lexington, MA: Heath, 1973.

Strange, Susan. *The Retreat of the State: The Diffusion of Power in the World Economy.* Cambridge: Cambridge University Press, 1996.

Taylor, Robert. *Greater China and Japan: Prospects for an Economic Partnership in East Asia.* New York: Routledge, 1996.

Yoshikawa, Naoto"Japan's ODA and National Security," in Hiroshi Itoh ed., *The Impact of Globalization on Japan's Public Policy: How the Government is Reshaping Japan's Role in the World,*New York: The Edwin Mellen Press. 2008.

Yoshimatsu, Hidetaka, *Japan and East Asia in Transition.* New York: Palgrave Macmillan,2003.

Zahariadis, Nikolaos, *Theory, Case, and Method in Comparative Politics*, Florida: Harcourt Brace College Publishers, 1997.

六、英文期刊論文

Lee, Chaewon & Adam P. Liff. "Reassessing Seoul's 'One China' Policy: South Korea-Taiwan 'Unofficial' Relations after 30 Years (1992-2022)," *Journal of Contemporary China*, September 14 2022, pp.1~20.

Lijphart, Arend. "Comparative Politics and the Comparative Method." *American Political Science Review*, Vol.65, NO.3 (1971), pp. 690~693.

Gourevitch, Peter. "The Second Image Reversed: the International Sources of Domestic Politics." *International Organization*, Vol. 32, No. 4, Autumn 1978, pp. 881~912.

Hill, Michael G. "Coalition Formation and Models of Capitalism." *Business and Politics*, Vol. 8, Iss. 3, Art. 2(2006), pp. 30.

Maclachlan, Patricia L. "Post Office politics in Modern Japan: the Postmasters, Iron Triangle, and the Limits of Reform." *Journal of Japanese studies*, Vol. 30, No. 2(Summer 2004), pp. 281~313.

Putnam, Robert D. "Diplomacy and Domestic Politics: The Logic of Two-Level games." *International Organization*, Vol. 42, No. 3(Summer 1988), pp. 433~437.

七、網頁資料

日本內閣府,「外交に関する世論調査」,<http://survey.gov-online.go.jp/h18/h18-gaiko/2-1.html>

日本外務省,「**21** 世紀に向けた対中経済協力のあり方に関する懇談会」提言,<http://www.mofa.go.jp/mofaj/gaiko/oda/data/chiiki/china/sei_1_13_2.html>

日本外務省,「政府開発援助大綱」,<http://www.mofa.go.jp/mofaj/gaiko/oda/seisaku/taikou/taiko_030829.html>

日本外務省,「対中国経済協力計画」,<http://www.mofa.go.jp/mofaj/gaiko/oda/seisaku/enjyo/china_gai.html>

日本外務省,**2008** 版政府開發援助(**ODA**)白書,<http://www.mofa.go.jp/mofaj/gaiko/oda/shiryo/hakusyo/08_hakusho/main/index.html>

日本外務省,外交青書 **2007**,<http://www.mofa.go.jp/mofaj/gaiko/bluebook/2007/pdf/>

日本外務省,外交青書 **2008**,<http://www.mofa.go.jp/mofaj/gaiko/bluebook/2008/html/>

日本外務省,外交青書 **2009**,<http://www.mofa.go.jp/mofaj/gaiko/bluebook

/2009/html/>

日本外務省経済協力局評価室，「対中 **ODA** の効果調査」，<http://www.m
　　ofa.go.jp/mofaj/gaiko/oda/shiryo/hyouka/kunibetu/gai/china/koka/index.htm
　　l>

「ＤＭ不正の元厚労省、ノーパンしゃぶしゃぶの常連？」，夕刊フジ，
　　<http://www.yamatopress.com/c/1/1/854>

日本防衛省，平成十七年防衛白書，<http://www.clearing.mod.go.jp/hakusho_
　　data/2003/2003/index.html>

附錄一　訪談紀要

一、訪談問題

1. 日本的政治決策核心往往被稱為「政官財鐵三角」，這樣的模式在對外政策上也適用嗎？財界有能力影響政黨與或官僚間的主導權競爭結果嗎？

   日本の政治過程の核心には、政官財の「鉄のトライアングル」があると言われできました。対外政策においても、そうしたモードで行われますか？そのなかでも、「鉄のトライアングル」の主導権争いが生じだ場合、財界の力は、どちらに影響を与えますか？

2. 中日關係中的「社會因素」（如民意、企業、媒體）如何影響正式的政治關係？日本政府和民間社會之間，是否有過意見相左但由民意勝出的案例？

   日本の社会的の要素（民意、企業、メディア）は、正式な日中国交関係にたいして、どのような影響を与えますか？日中関係について、民間と政府との間に意見の相違があった場合、過去に民間が勝ったことはありますか？

3. 日本對中ODA政策的決策過程中，民意或財界因素的影響力重要嗎？或是在官僚（如外務、財務、經濟產業省）之間就能決定政策？

日本対中国の ODA について、協力計画が作成される過程の中で、財界や民意の影響力は重要でしたか？あるいはただ官僚（外務、財務，経産省）の間で決められたのでしょうか？

二、訪談轉錄摘要

1. **訪問東京大學東洋文化研究所田中明彥教授（東京），2010年11月26日**

● 通常來說，政官財鐵三角模式較適用於國內政治，特別是關乎商業利益的政策問題上，與外交政策較無直接適用關係。

● 在對外政策中，幾乎沒有外交族的存在，因外交政策並不是足以吸引議員長期獲得利益及選票的政策場域，所以族議員對外務省官僚的影響力較為薄弱。

● 1972 年田中角榮首相與中國建交的政策，並沒有直接證據可論斷是受到財界的影響，雖然田中派也是當時自民黨內最強大的派閥，我個人認為這屬於首相的政治決斷，但因為當時政治獻金法尚未出現，故有可能因為工程等重大利益對其派閥實施影響。

● 民間對政府發揮影響力的例子：1972 年因財界和民意的支持使中日關係得以正常化，但此時民間和政府的意見一致。

● 民間對政府未能發揮影響力的例子：2001 年時小泉參拜靖國神社時，民間的財界不斷反對，但未能發揮影響力，即使有不滿也只能接受。

● ODA 的計畫審定與政治和金融相關，對企業有利的計畫才使

政治家有利基點去推動並得到互惠，但這樣的關係在政治獻金法出爐之後就很難維持下去。

- 對中有償借款的結束一方面屬於政治的決斷；另一方面，如同面向 21 世紀懇談會中所提到的，代表了有償貸款已完成促進中國經濟發展的任務，可以功成身退了。

- 原本提供中國有償日圓借款是因為擔心中國沒有資金興建基礎建設，到 2000 年以後中國已有足夠資金可自力建設，且大型工程計畫項目的削減導致日本企業無利可圖，因此就不再需要特別遊說維持對中有償借款。

- 以我個人觀點來看，繼續對中有償借款比較有利，可以多一項日本對中國的政策工具，而政黨、官僚的立場卻是希望結束，可說是在政官財意見一致的情況下結束了對中日圓借款。

2. **訪問防衛省防衛研究所增田雅之研究員（東京），2010年12月21日**

- 五五年體制的三特點為自民黨長期執政、官僚指導財界及引領經濟發展、冷戰時期的美日安保體制，而在五五年體制在 1990 年代崩潰後，決策體制漸趨重視輿論民意。

- 以對中 ODA 的政策背景來看，起因乃是由於在冷戰時期為拉攏中共，藉以解決經濟發展所需的石油來源，於是商業界力促政界為 ODA 政策背書。

- 日本在國際間的經濟提案，至今仍深受政治影響，例如 2003 年日本國土交通大臣赴北京參加中日友好和平合約簽訂 25 週年紀念活動之餘，努力推銷的日本新幹線技術受到中國十萬網民連署抵制，就是因為前一年小泉首相執意參拜靖國神社

所導致。

● 日本外交政策過程中的重要輸入項包含了國家利益和輿論，
從這點來看得到最大量 ODA 的受援國──中國，當然也會受
到此輸入項的影響，對於對中 ODA 的檢討聲浪自 1999 年
起，中國的有償借款所綁定基礎建設項目下降的趨勢已不可
逆轉，財界的政策遊說誘因也跟著下降。

● 1990 年代日本泡沫經濟崩潰加上五五年體制瓦解，財界和國
民對於政界施壓，要求撙節開支，於是在社會壓力下，政界
向官僚爭取回政策主導權，尤其歷經橋本龍太郎和小泉純一
郎二任首相的改革後，對外政策的領導權幾乎成為政治主
導，官僚維持穩定政策的主導能力被稀釋。

● 政府和民間對於外交政策不同調的案例很多，例如 1989 的天
安門事件，日本民間除了被中國的鎮壓行為所震驚外，還強
烈要求中國政府要反省，但經濟界和政界第一時間還是希望
維持經濟關係和政治關係，類似的不同調還發生在 1995 年中
國核子試爆、1996 年台海飛彈危機等事件時。

● 2001 年時，檢討對中 ODA 輿論聲勢大漲的原因在於古森久義
等媒體界以「不知感謝的 ODA」為標題，紛紛出書或發表文
章，批評對中 ODA 對於改善日本在中國的形象沒有幫助，中
國人也沒有因此感謝日本，加上當時發生中國製毒水餃事
件，造成日本民眾的中國印象極度不佳，形成強大的反對聲
浪。

● 面對民間的反對聲浪，外務省官僚在當時既無足夠預算予以
維持對中的龐大有償貸款，在中國經濟起飛而日本經濟衰退
的反差下，也無明確理由證明持續的必要性；小泉政府則是

挾著反對聲浪進行政治主導，決定終止有償借款，小泉除了民意之外，還透過改革得到了民眾的信任感，使的其個人的支持率和領導權都大幅上升，這些都決定了小泉政府在對外政策上的強大決斷能力，因此可以跨越財界或官僚的反對意見，斷然主導向終止有償借款的方向前進。

● 當決定了邁向終止對中有償借款的大方向底定後，剩下的問題有二：一是如何成就為「有終之美」？二是當在中國各地的計畫預算終止後，如何建立起其他深入各地方的接觸管道？

● 對中日圓借款在開始時，經費項目集中在機場、港口、道路、鐵路等基礎建設，所以商業界有在鐵三角中運作的動力，而此時政界和他們的利益一致。

● 2000 年以後，隨著專業分野的增加，各方意見也參與進入決定 ODA 的決策過程中，其他省廳甚至是自衛隊都因各自的專業性而增加參與，外務省面對的阻力也逐漸增大，使得外務省的決定能力下降，例如關於交通、教育、環境等專業領域的問題就不是外務省可以做決定的，但這些項目的比重卻在對中有償借款的比例逐年升高。2001 年的懇談會又建立起了記錄、情報公開的制度，使得外務省難以和各省廳之間以過去密室會談的方式決定政策。

3. 訪問財務省官員（東京），2011年1月6日

● 在鐵三角內的行為者不是相互對立抗爭的關係，而是不斷談判協調的關係，官僚中主要決定 ODA 政策的省廳是財務省、外務省和經產省，外務省不瞭解發展中國家的經濟需求，所

以在決策上屬於召開會議和居中協調，主要必須聽從財務省和經產省從投資方的角度所表達的專業意見，前者在乎的是對於開發中國家能有多少效果，後者在意的是這是否能帶給雙邊經濟利益。

● 原本日本 ODA 政策最優先的考量是對於開發中國家的幫助，其次才是雙邊經濟效益，而外交關係又比經濟利益重要，在主要決策者當中，政治家常與經濟部門的行為者一同行動。但近年來越來越重視經濟面的考量，這是因為政府預算越來越吃緊，必須審慎檢討 ODA 的預算規模。

● 我認為政府必須回歸到 ODA 政策的本質，也就是 ODA 的利益如何能夠嘉惠發展中國家，但問題在於給予有償借款的方式，如何給才能真正有效果。

● 經濟產業界最能夠影響的是經產省，他們確實有許多台面下的管道可以有效發揮影響，並用來推銷他們的產品，如新幹線或核電廠等大型建設採購。

● 外交族非常的弱勢，他們不像農業族、商工族等有龐大的資源，財界往往從商工族議員那邊發會揮介入的影響力，但在 2001 年政治獻金法出現之後，財界影響力因此下降，現在的議員門在思考 ODA 問題時更能日本經濟本身做評估，而非商業界的利益。

● 對於中國的 ODA 歷經過改變，1990 年代以前的重點在無償援助，之後則是放在有償援助，這是因為在冷戰時期為了與中國合作，故要極力拉攏中國，以經濟援助換取雙邊關係的穩固；對中 ODA 與 20 年前已經有很大的改變了，因為中國經濟規模膨脹，金流會重新回到日本的公司。

- 因為是日本提供有償借款，所以可以迫使中國政府將基礎建設項目綁定給日本公司，但日本政府必須在受援國利益和日本企業利益之間做出平衡。

- 經濟界、財界在 2005 年時有試圖運用他們的管道維持對中有償貸款，但是礙於民意高長的反對聲浪而未能成功。尤其是 2001 年後，政治人物認為回應選區內選民的反對態度，比回應大型企業要來得重要，重新配置預算在更有效幫助日本經濟發展的政策上。

- 日本民眾其實常搞混有償和無償借款，他們常認為 ODA 是無償性質的，所會一併反對對中國的 ODA 政策。

- 我個人認為應該保持對中有償借款，因為可以得到中國的還款和利息收益，考量到中國一直以來的良好還款信用，這對於日本的經濟收益有幫助。

4. **訪問慶應大學總合政策學部加茂具樹教授（東京），2011年1月11日**

- 政官財鐵三角當中，官僚負責提供情報給政黨，尤其是族議員，而財界對於國內政策的影響力較強，與自民黨關係較好，到民主黨執政時就顯示出財界與執政黨關係普通。

- 五五年體制以來，官僚一向在政策主導上較為強勢，但自民黨逐漸取回政策主導權，尤其是小泉政府時期更是政黨主導政策，而民主黨執政後也想效法自民黨，但過程並不順利，仍回到官僚主導。

- 政策的制訂主要由政務三役所決定，包含大臣、副大臣、事務次官等三人，但官僚掌握了較多專業知識，所以民主黨在執政不久的情況下，也難以培養專業尚可與官僚匹敵的族議

員，尤其在經濟領域更是如此。

- 決定實施對中 ODA 時的政務三役，當中就有財界出身者，現任（2011）日本駐北京大使也是財界出身。

- 即使在冷戰時期，在對外政策上，官僚的主導性也不比政黨小，冷戰之後，1995 年美日安保再定義也是由官僚所主導推出的。

- 中日關係當中，社會因素對日本政府有很強的影響，例如日本民眾對於總是在道歉的「土下座外交」感到不滿，而中方則是利用歷史問題和靖國神社問題向日方施壓，往往使得日本政府在相關政策上退縮。

- 小泉首相訪問北韓的強力外交作為受到日本民眾喜愛，民主黨政府執政後也走積極回應民意的路線，故採取對中國強硬的路線。

- 小泉首相曾針對參拜靖國問題在「中央公論」上對中國強烈的批判和回應，而當時的財界有公開表達反對意見，但沒有效果。其實財界內部意見也不一，因為成員包含了勞方、資方、大小企業等，所以也不能代表整個民間社會發聲，但在日本制定中國政策中有很強的影響力。

- 日中經濟協會對中日關係涉入非常深，1992 年前後還發表應加強對中 ODA 的意見報導，藉以呼應鄧小平的南巡講話。

- 2005 年決定終止對中有償借款時，不再見到財界的強勢影響力，原因是此時對中的投資手段已增加，不需依靠日圓借款，且中國經濟已經進入 WTO 的全球化時代，也不需要依靠日本官方代表進行貿易管道的建立，財界中的大型企業都已經有自己的對中溝通管道。

● 我不認為基礎建設項目的減少是財界降低遊說的主因，因為
　對中 ODA 在 1995 年後，轉到以環保和社會參與為重點，有
　分參與的日本企業增加了，雖然可能與過去主辦基礎建設的
　大型企業不同，但總是有日本企業參與各種新興項目，所以
　不能單純的說因為基礎建設項目減少，就導致了財界對於有
　償貸款政策的立場改變。

附錄二　計量分析數據資料

年份	有償日圓借款（億円）	不親近度（％）	不友好度（％）	日本國民生產總值（十億円）	日本國民可支配所得（十億円）	中日貿易總額（千美元）	中國國防軍費（億人民幣）	對中直接投資（百萬美元）
1979		20.3		225237.2		6653451	222.64	14
1980	660.00	14.7		246266.4	217,026.7	9401709	193.84	12
1981	1,000.00	22.6		261914.3	227,038.9	10387261	167.97	26
1982	650.00	19.9		274572.2	235,944.2	8863242	176.35	18
1983	690.00	19.8		586278.2	248,280.0	9999691	177.13	3
1984	715.00	19.2		306809.3	261,679.2	13174319	180.76	114
1985	751.00	17.8		327433.2	280,848.8	18960132	191.53	100
1986	806.00	24.8	14.1	341920.5	289,874.7	15508529	200.75	226
1987	850.00	25.1	19.3	359508.9	306,132.2	15651223	209.62	1,226
1988	1,615.21	26.4	22.8	386736.1	331,330.3	19334810	218.00	296
1989	971.79	43.2	37.9	414742.9	349,779.7	19661650	251.47	438
1990	1,225.24	42.2	36.5	449997.1	378,030.1	18183049	290.31	349
1991	1,296.07	51.4	40.6	472261.4	403,428.6	22808980	330.31	579
1992	1,373.28	39.9	32.8	483837.5	401,888.3	28901919	377.86	1,070
1993	1,387.43	42.2	36.1	480661.5	401,495.8	37837809	425.80	1,691
1994	1,403.42	44.2	33.8	487017.5	407,273.0	46247620	550.71	2,565
1995	1,414.29	48.4	45.7	496457.3	408,279.6	57853151	636.72	4,478
1996	1,705.11	51.3	51	508432.8	422,034.4	62439843	720.06	2,510

（續）

1997	2,029.06	50.2	44.2	513306.4	428,473.2	63850728	812.57	1,987
1998	2,065.83	47.5	47.9	503304.4	417,479.4	56917450	934.70	1,076
1999	1,926.37	46.2	46.1	499544.2	411,429.4	66179219	1076.40	770
2000	2,143.99	47.2	45.6	504118.8	416,782.1	85730890	1207.54	1,008
2001	1,613.66	48.1	48.5	493644.7	406,171.3	89195467	1442.04	1,453
2002	1,212.14	49.1	43	489875.2	398,716.0	101557182	1707.78	1,766
2003	966.92	48	42.9	493747.5	404,876.3	132411959	1907.87	3,143
2004	858.75	58.2	61	498490.6		168045230	2200.01	4,567
2005	0	63.4	71.2	503186.7		189444914	2474.96	

附錄三 日本對中國「政府開發援助實績」項目表

年度	119955 有償資金協力	無償資金協力
1980	660.00 億日圓 79 年度日圓借款 (280.60) 　石臼所港建設計畫 (70.85) 　兌州－石臼所間鐵路建設計畫 (101.00) 　北京－秦皇島間鐵路擴充計畫 (25.00) 　秦皇島港擴充計畫 (49.15) 　衡陽・廣州間鐵路擴充計畫 (33.20) 　五強溪水力發電所建設計畫 (1.40) 80 年度日圓借款 (379.40) 　石臼所港建設計畫 (98.60) 　兌州－石臼所間鐵路建設計畫 (31.10) 　北京－秦皇島間鐵路擴充計畫 (112.00) 　秦皇島港擴充計畫 (137.70)	6.80 億日圓 中日友好病院建設計畫(D/D) (4.30) 國立北京圖書館 microlab 器材 (0.50) 災害緊急援助(洪水・旱災)(日赤) (2.00)
1981	1,000.00 億日圓 商品借款(I) (400.00) 81 年度日圓借款 (600.00) 　石臼所港建設計畫 (185.00) 　兌州－石臼所間鐵路建設計畫 (32.00) 　北京－秦皇島間鐵路擴充計畫 (92.00)	23.70 億日圓 中日友好病院建設計畫(國債 1/3) (23.20) 體育運動委員會體育研究器材 (0.50)

年度	119955 有償資金協力	無償資金協力
1981	秦皇島港擴充計畫　(91.00) 商品借款(II)　(200.00)	
1982	650.00 億日圓 82 年度日圓借款　(650.00) 　石臼所港建設計畫　(23.00) 　兌州－石臼所間鐵路建設計畫　(118.00) 　北京－秦皇島間鐵路擴充計畫　(309.00) 　商品借款(III)　(200.00)	65.80 億日圓 中日友好病院建設計畫(國債 2/3)(86)(92)　(64.80) 中央電視局日本語學習用器材 (0.50) 國家圖書館電腦器材　(0.50)
1983	690.00 億日圓 83 年度日圓借款　(690.00) 　石臼所港建設計畫　(52.00) 　兌州－石臼所間鐵路建設計畫　(115.00) 　北京－秦皇島間鐵路擴充計畫　(332.00) 　商品借款(IV)　(191.00)	78.31 億日圓 中日友好病院建設計畫(國債 3/3)(72.00) 食糧增產援助　(5.00) 教育部教育研究用圖書　(0.50) 對外經濟貿易部 LL 系統　(0.47) 中央樂團樂器　(0.34)
1984	715.00 億日圓 84 年度日圓借款　(715.00) 　衡陽・廣州間鐵路擴充計畫 (101.92) 　鄭州・寶雞間鐵路電化計畫 (75.75) 　秦皇島港擴充計畫　(46.31) 　連雲港擴充計畫　(24.45) 　青島港擴充計畫　(22.03) 　天津・上海・廣州通信網擴充計畫　(11.54) 　天生橋水力發電計畫 (124.00) 　商品借款(V)　(309.00)	54.93 億日圓 中國肉類食品綜合研究中心建設計畫 (27.00) 北京郵電訓練中心建設計畫　(22.00) 食糧增產援助　(5.00) 林業部貓熊保護器材　(0.50) 華南熱帶作物學院氣象觀測器材 (0.43)
1985	751.00 億日圓 85 年度日圓借款　(751.00)	58.96 億日圓 礦產物檢查研究中心整備計畫

年度	119955 有償資金協力	無償資金協力
1985	衡陽・廣州間鐵路擴充計畫 (268.22) 鄭州・寶雞間鐵路電化計畫 (132.58) 秦皇島港擴充計畫　(37.23) 連雲港擴充計畫　(57.72) 青島港擴充計畫　(39.37) 天津・上海・廣州通信網擴充計畫　(92.35) 天生橋水力發電計畫 (123.53)	(11.40) 國家標準物質研究中心整備計畫 (12.20) 食糧增產援助　(7.00) 肢體障害者復健研究中心整備計畫 (1/2 期)　(13.60) 日中青年交流中心建設計畫(D/D) (2.81) 北京淡水魚養殖中心計畫　(7.80) 上海醫療器械檢查中心整備計畫 (3.20) 文化財保護器材　(0.47) 社會科學院考古研究所顯微鏡視聽覺器材　(0.48)
1986	806.00 億日圓 86 年度日圓借款　(806.00) 衡陽・廣州間鐵路擴充計畫 (244.91) 鄭州・寶雞間鐵路電化計畫 (94.62) 秦皇島港擴充計畫　(70.11) 連雲港擴充計畫　(110.85) 青島港擴充計畫　(26.20) 天津・上海・廣州通信網擴充計畫　(79.16) 天生橋水力發電計畫 (180.15)	69.68 億日圓 肢體障害者復健研究中心整備計畫 (2/2 期) (20.20) 長春市淨水場整備計畫(1/2 期) (14.65) 日中青年交流中心建設計畫(國債 1/3) (19.61) 食糧增產援助　(5.00) 日中友好圍棋會館視聽覺圍棋器材 (0.27) 日中友好病院器材整備計畫　(5.74) 北京蔬菜研究中心器材整備計畫(1/2 期)　(3.42) 廣東芸術發展中心視聽覺器材 (0.42) 上海文化局視聽覺器材　(0.37)
1987	850.00 億日圓 87 年度日圓借款　(850.00) 衡陽・廣州間鐵路擴充計畫 (87.89)	70.29 億日圓 長春市淨水場整備計畫(2/2 期) (5.64) 日中青年交流中心建設計畫(國債 2/3)

年度	119955 有償資金協力	無償資金協力
1987	鄭州‧寶雞間鐵路電化計畫 (313.96) 　秦皇島港擴充計畫　(34.51) 　連雲港擴充計畫　(119.11) 　青島港擴充計畫　(86.83) 　天津‧上海‧廣州通信網擴充計畫　(93.98) 　天生橋水力發電計畫 (113.72)	(30.45) 北京蔬菜研究中心器材整備計畫(2/2期)　(7.25) 災害緊急援助(森林火災)(日赤経由) (0.50) 烏魯木齊市水磨溝溫泉療養院器材整備計畫　(5.00) 大興安嶺森林火災復興計畫　(13.14) 北載河中央增殖實驗站整備計畫 (7.47) 中國國家圖書館視聽覺器材　(0.45) 北京外國語學院視聽覺器材　(0.39)
1988	1,615.21 億日圓 88 年度日圓借款　(915.21) 　鄭州‧寶雞間鐵路電化計畫 (75.00) 　秦皇島港擴充計畫　(31.84) 　連雲港擴充計畫　(82.97) 　青島港擴充計畫　(130.43) 　天津‧上海‧廣州通信網擴充計畫　(72.97) 　天生橋水力發電計畫 (40.00) 　五強溪水壩建設計畫(I) (24.70) 　大同‧秦皇島間鐵路建設計畫　(121.31) 　觀音閣多目的水壩建設計畫 (I)　(28.46) 　北京市地下鐵建設計畫 (25.10) 　國家經濟情報系統模範計畫 (8.80) 　北京市上水道整備計畫 (106.14)	79.58 億日圓 日中青年交流中心建設計畫(國債 3/3) (51.04) 和闐市児童福祉教育中心建設計畫 (10.19) 中央電視台日本語教育攝影器材整備計畫　(5.93) 四川省第二人民病院器材整備計畫 (4.91) 災害緊急援助(山津波)　(15 萬美元＝0.20) 災害緊急援助(集中豪雨)　(15 萬美元＝0.20) 災害緊急援助(地震被害)　(15 萬美元＝0.68) 食糧增產援助　(5.00) 上海公響樂團樂器　(0.37) 大連外國語學院語學教育視聽覺器材 (0.43) 中國放送大學日本語教育節目 (0.49) 中國科學技術情報研究所科學技術映画　(0.14)

年度	119955 有償資金協力	無償資金協力
1988	北京市下水處理場建設計畫 (26.40) 　4 都市瓦斯整備計畫　(60.59) 　4 都市上水道整備計畫 (80.50) 　輸出基地開發計畫　(700.00)	
1989	971.79 億日圓 89 年度日圓借款　(971.79) 　連雲港擴充計畫　(74.90) 　青島港擴充計畫　(265.14) 　天生橋水力發電計畫 (192.35) 　五強溪水壩建設計畫(II) (60.20) 　大同・秦皇島間鐵路建設計畫　(62.79) 　觀音閣多目的水壩建設計畫 (II)　(89.34) 　北京市地下鐵建設計畫 (14.90) 　國家經濟情報系統模範計畫 (28.90) 　北京市上水道整備計畫 (48.66) 　4 都市瓦斯整備計畫　(89.31) 　4 都市上水道整備計畫 (45.30)	56.98 億日圓 上海市第六人民病院器材整備計畫 (16.08) 北京電視台器材整備計畫　(30.00) 寧夏看護學校器材整備計畫　(1.33) 寧夏青少年科學技術教育改善器材整備計畫　(1.35) 災害緊急援助(洪水被害)(日赤経由) (2.00) 食糧増産援助　(5.00) 外交學院語學教育視聴覺器材 (0.29) 課程教材研究所教材製作用器材 (0.44) 宋慶齡児童科學技術館科學原理學習器材　(0.49)
1990	1,225.24 億日圓 90 年度日圓借款　(1,225.24) 　五強溪水壩建設計畫(III) (31.00) 　觀音閣多目的水壩建設計畫 (III)　(64.45) 　3 都市(天津・合肥・鞍山)上水道整備計畫　(88.66)	66.06 億日圓 長春市浄水場旧施設改良計畫(1/2 期) (9.81) 貴州省飲料水供給改善計畫　(15.00) ベチューン醫科大學器材整備計畫 (26.00) 日中友好環境保全中心設立計畫 (D/D)　(2.43)

年度	119955 有償資金協力	無償資金協力
1990	渭河化學肥料工場建設計畫(I) (45.04) 內蒙古化學肥料工場建設計畫(I) (25.03) 雲南化學肥料工場建設計畫(I) (26.33) 二都市(武漢、黃石)道路橋建設計畫 (84.60) 深・大鵬灣塩田港第 1 期建設計畫(I) (76.13) 海南島(道路・通信)開發計畫(I) (97.63) 9 省市電話網擴充計畫(I) (178.00) 民用航空管制系統近代化計畫(I) (32.57) 神木・朔縣鐵路建設計畫(I) (42.00) 青島(道路・通信)開發計畫 (128.34) 寶雞・中衛鐵路建設計畫(I) (55.72) 武漢天河機場建設計畫 (62.79) 衡水・商丘鐵路建設計畫(I) (56.95) 北京十三陵揚水發電所建設計畫 (130.00)	敦煌石窟文化財保存研究・展示中心建設計畫(D/D) (0.72) 哈爾濱工業大學器材整備計畫 (4.52) 國際和平婦幼保健院器材整備計畫 (1.57) 食糧增産援助 (5.00) 內蒙古自治區外語教員訓練中心語學教員用視聴覺器材 (0.46) 中央廣播・電視大學基礎日本語講座電視節目用短劇 (0.50) 北京第 2 福祉院器材整備計畫 (0.05)
合計	9,934.24 億日圓	631.09 億日圓

註 1：1990 年以前無技術協力之項目統計資料

年度	有償資金協力	無償資金協力	技術協力
1991	1,296.07 億日圓 91 年度日圓借款	66.52 億日圓 湖南武陵大學器材	68.55 億日圓 研修員受入 578 人

年度	有償資金協力	無償資金協力	技術協力
1991	(1,296.07) 　　五強溪水壩建設計畫(IV)　(81.00) 　　渭河化學肥料工場建設計畫(II)(61.60) 　　內蒙古化學肥料工場建設計畫(II)(60.92) 　　雲南化學肥料工場建設計畫(II)(56.90) 　　深圳大鵬灣塩田港第1期建設計畫(II)　(36.91) 　　海南島(道路・通信)開發計畫(II)(67.75) 　　9省市電話網擴充計畫(II)(115.76) 　　民用航空管制系統近代化計畫(II)(78.50) 　　神木・朔縣鐵路建設計畫(II)(99.40) 　　寶雞・中衛鐵路建設計畫(II)(93.00) 　　衡水・商丘鐵路建設計畫(II)(65.50) 　　天生橋第一水力發電所建設計畫(I)	整備計畫　(9.31) 湖北省北部地區農業水利整備計畫(16.35) 長春市淨水場舊施設改良計畫(2/2期)(9.03) 日中友好環境保全中心設立計畫(國債1/4)　(3.02) 敦煌石窟文化財保存研究・展示中心建設計畫(國債1/2)(1.20) 北京市消防器材整備計畫(1/2期)(12.39) 新疆放送局器材整備計畫　(5.09) 災害緊急援助(洪水被害)　(30万美元＝0.39) 災害緊急援助(洪水被害)　(150万美元＝1.93) 食糧增産援助(6.00) 中國美術館展示器材　(0.49) 上海電視第2局節目制作器材　(0.47) 北京師範大學語學教育用視聽覺器材(0.49) 草根無償(9件)	專門家派遣　214人 調查團派遣　471人 協力隊派遣　31人 器材提供　1,795.2百萬日圓 計畫技協　19件 開發調查　16件

年度	有償資金協力	無償資金協力	技術協力
1991	(43.67)　南寧・昆明鐵路建設計畫(I)　(54.61)　石臼港第二期建設計畫(I)　(25.06)　合肥・銅陵自動車道・銅陵道路橋建設計畫(I)　(47.09)　重慶長江第二大橋建設計畫　(47.64)　鹿・化學肥料工場建設計畫(I)　(28.98)　九江化學肥料工場建設計畫(I)　(28.87)　北京市地下鐵第二期建設計畫(I)　(32.81)　江蘇蘇北通楡河灌溉開發計畫(I)　(40.18)　3 都市(廈門、重慶、昆明)上水道整備計畫　(104.03)　海南島(海口港)開發計畫　(25.89)	(0.36)	
1992	1,373.28 億日圓 92 年度日圓借款 (1,373.28)　五強溪水壩建設計畫(V)　(54.00)	82.37 億日圓 日中友好環境保全中心設立計畫(國債 2/4)　(19.14) 敦煌石窟文化財保	75.27 億日圓 研修員受入　575 人 專門家派遣　238 人 調查團派遣　732 人 協力隊派遣　42 人

年度	有償資金協力	無償資金協力	技術協力
1992	渭河化學肥料工場建設計畫(III)(162.62) 內蒙古化學肥料工場建設計畫(III)(83.08) 9省市電話網擴充計畫(III)(143.58) 民用航空管制系統近代化計畫(III)(98.96) 神木・朔縣鐵路建設計畫(III)(12.31) 寶雞・中衛鐵路建設計畫(III)(129.01) 衡水・商丘鐵路建設計畫(III)(49.51) 深圳大鵬湾塩田港第1期建設計畫(III)(96)　(33.77) 天生橋第一水力發電所建設計畫(II)(66.83) 南寧・昆明鐵路建設計畫(II)(99.04) 石臼港第二期建設計畫(II)　(35.83) 合肥・銅陵自動車道・銅陵道路橋建設計畫(II)	存研究・展示中心建設計畫(國債2/2)(8.55) 北京市消防器材整備計畫(2/2期)(12.46) 北京理工大學器材整備計畫　(5.20) 食糧增産援助(6.00) 河南省電視局器材整備計畫　(10.00) 中日醫學教育中心附屬病院醫療器材整備計畫　(5.83) 白城地區農村給水計畫(1/2期)　(4.97) 山西省野菜栽培計畫　(4.95) 中國職業訓練指導員養成中心器材整備計畫(1/2期)(2.96) 山東大學日本語教育中心視聴覺器材(0.37) 東北師範大學訪日留學生予備學校語學用視聴覺器材(0.47) 中國兒童劇院舞台裝置　(0.49) 瀋陽音樂院樂器(0.48) 草根無償(13件)	器材提供　1,597.5百萬日圓 計畫技協　18件 開發調查　19件

年度	有償資金協力	無償資金協力	技術協力
1992	(38.94) 　鹿・化學肥料工場建設計畫(II) (30.69) 　九江化學肥料工場建設計畫(II) (87.13) 　北京市地下鐵第二期建設計畫(II) (62.35) 　湖北鄂州火力發電所建設計畫(I) (40.00) 　連雲港墟溝港區第1期建設計畫 (59.00) 　秦皇島戊己碼頭建設計畫(I) (34.18) 　齊齊哈爾嫩江大橋建設計畫 (21.00) 　北京・瀋陽・哈爾濱長距離電話網建設計畫(I) (31.45)	(0.50)	
1993	1,387.43 億日圓 93 年度日圓借款 (1,387.43) 　內蒙古化學肥料工場建設計畫(IV) (45.09) 　神木・朔縣鐵路建設計畫(IV) (116.14)	98.23 億日圓 日中友好環境保全中心設立計畫(國債3/4)　(42.21) 食糧增產援助 (7.00) 中國職業訓練指導員養成中心器材整備計畫(2/2 期)	76.51 億日圓 研修員受入　589 人 專門家派遣　270 人 調查團派遣　628 人 協力隊派遣　29 人 器材提供　1,284.7 百萬日圓 計畫技協　20 件 開發調查　17 件

年度	有償資金協力	無償資金協力	技術協力
1993	寶雞・中衛鐵路建設計畫(IV) (20.27) 衡水・商丘鐵路建設計畫(IV) (64.07) 雲南化學肥料工場建設計畫(III) (57.45) 天生橋第一水力發電所建設計畫(III) (166.47) 南寧・昆明鐵路建設計畫(III) (233.42) 鹿寨化學肥料工場建設計畫(III) (37.00) 九江化學肥料工場建設計畫(III) (97.57) 北京市地下鐵第二期建設計畫(III) (38.19) 湖北鄂州火力發電所建設計畫(II) (124.31) 北京・瀋陽・哈爾濱長距離電話網建設計畫(II) (40.55) 秦皇島港煤炭碼頭第四期建設計畫(I) (39.44) 瓷福化學肥料工	(15.00) 福建省洪水予警報器材警備計畫 (23.70) 小兒麻痺撲滅計畫(1/3 期) (2.37) 白城地區農村給水計畫(2/2 期) (5.07) 災害援助(水壩決壞洪水災害) (40 萬美元=0.49) 上海博物館分析器材 (0.48) 北京市少年宮樂器 (0.29) 中國中央電視局節目ソフト (0.48) 中國文物保護訓練中心分析器材 (0.48) 草根無償(12 件) (0.66)	

年度	有償資金協力	無償資金協力	技術協力
1993	場建設計畫(I) (88.20)　福建省‧泉鐵路建設計畫 (67.20)　青島開發計畫(上水道‧下水道)(25.13)　西安市上水道整備計畫(I) (45.87)　北京首都機場整備計畫(I) (81.06)		
1994	1,403.42 億日圓 94 年度日圓借款(1,403.42)　天生橋第一水力發電所建設計畫(IV) (129.03)　南寧‧昆明鐵路建設計畫(IV)(189.89)　北京市地下鐵第二期建設計畫(IV)(23.43)　江蘇蘇北通榆河灌溉開發計畫(II)(75.17)　湖北鄂州火力發電所建設計畫(III)(154.61)　秦皇島港戊己碼頭建設計畫(II)(30.41)　秦皇島港煤炭碼頭第四期建設計畫(II) (71.78)	77.99 億日圓 日中友好環境保全中心設立計畫(4/4期) (38.19) 災害緊急援助(0.85) 小兒麻痺撲滅計畫(2/3 期) (2.02) 食糧增產援助(6.50) 天津代謝病防治中心器材整備計畫(5.04) 輸出入食品檢查研究中心器材整備計畫 (9.89) 西藏結核病治療中心器材整備計畫(7.09) 疫苗接種體制整備計畫 (1.43) 少數民族地區中等學校教育器材整備計畫 (5.00)	79.57 億日圓 研修員受入　681 人 專門家派遣　243 人 調查團派遣　540 人 協力隊派遣　37 人 器材提供　1,249.4 百萬日圓 計畫技協　21 件 開發調查　16 件

年度	有償資金協力	無償資金協力	技術協力
1994	瓮福化學肥料工場建設計畫(II)(34.66) 江西九江火力發電所建設計畫(I)(120.30) 國家經濟情報系統計畫(I)　(87.48) 三河火力發電所建設計畫(I)(109.48) 山西河津火力發電所建設計畫(I)(109.48) 天津第三瓦斯整備計畫　(57.22) 大連大窰湾港碼頭第一期建設計畫(66.55) 上海寶山基礎建設整備計畫(I)(寶山發電所・碼頭)(143.93)	陝西省文物保護技術中心ビデオ制作器材　(0.46) 中央民族學院教材制作器材　(0.47) 草根無償(14 件)(1.06)	
1995	1,414.29 億日圓 95 年度日圓借款(1,414.29) 三河火力發電所建設計畫(II)(136.52) 山西河津火力發電所建設計畫(II)(136.52) 江西九江火力發電所建設計畫(II)(175.70)	4.81 億日圓 小兒麻痺撲滅計畫(3/3 期)　(2.42) 災害緊急援助(洪水被害)　(0.59) 災害緊急援助(地震被害)　(0.29) 草根無償(25 件)(1.51)	73.74 億日圓 研修員受入　697 人 專門家派遣　241 人 調查團派遣　599 人 協力隊派遣　22 人 器材提供　1,316.3 百萬日圓 計畫技協　23 件 開發調查　19 件

年度	有償資金協力	無償資金協力	技術協力
1995	朔縣－黃‧港鐵路建設計畫(I) (277.15) 西安－安康鐵路建設計畫(I) (197.89) 北京首都機場整備計畫(II) (134.25) 上海寶山基礎建設整備計畫(II) (166.06) 鹿‧化學肥料工場建設計畫(IV) (6.06) 西安上水道整備計畫(II) (25.52) 國家經濟情報系統計畫(II) (115.52) 海南島開發計畫(洋浦港) (43.00)		
1996	1,705.11 億日圓 96 年度日圓借款(1,705.11) 北京首都機場整備計畫(III)(84.59) 西安－安康鐵路建設計畫(II)(25.26) 朔縣－黃 A 港鐵路建設計畫(II)(122.45) 貴陽－婁底鐵路建設計畫 (129.32) 烏魯木齊機場擴張計畫 (48.90)	20.67 億日圓 南京母子保健醫療器材整備計畫(17.28) 緊急無償洪水災害(0.29) 草根無償(39 件)(3.10)	98.90 億日圓 研修員受入 755 人 專門家派遣 258 人 調查團派遣 753 人 協力隊派遣 31 人 器材提供 1,549.3 百萬日圓 計畫技協 25 件 開發調查 18 件

年度	有償資金協力	無償資金協力	技術協力
1996	蘭州中川機場擴張計畫　(63.38) 青島港前灣第 2 期建設計畫 (27.00) 貴陽－新寨道路建設計畫　(149.68) 廣州－昆明－成都光纜建設計畫 (53.49) 蘭州－西寧－拉薩光纜建設計畫 (30.46) 內陸部電話網擴充事業　(150.03) 黑龍江省三江平原商品穀物基地開發計畫　(149.10) 黑龍江省三江平原龍頭橋水壩建設計畫　(30.00) 遼寧省白石水壩建設計畫　(80.00) 呼和浩特上水道整備計畫　(54.46) 北京第 9 淨水場 3 期建設計畫 (146.80) 貴陽西郊淨水場建設計畫　(55.00) 湛江市上水道整備計畫　(55.19) 蘭州環境整備計畫　(77.00) 瀋陽環境整備計		

年度	有償資金協力	無償資金協力	技術協力
1996	畫 （50.00） 　呼和浩特・包頭大氣污染對策計畫（100.00） 　柳州酸性雨及環境污染對策綜合整備計畫 （23.00）		
1997	2,029.06 億日圓 97 年度日圓借款（2,029.06） 　黑竜省三江平原商品穀物基地開發計畫(II) （27.92） 　朔縣－黄 A 港鐵路建設事業計畫(III) （204.60） 　西安－安康鐵路建設事業計畫(III)（126.85） 　貴陽－婁底鐵路建設事業計畫(II)（170.28） 　呼和浩特・包頭大氣污染對策事業計畫(II) （56.29） 　柳州酸性雨環境污染對策綜合整備事業計畫(II)（36.79） 　上海浦東國際機場建設事業計畫（400.00） 　河北黄 A 港建設事業計畫 （154.00） 　陝西韓城第 2 火	68.86 億日圓 病原體檢查器材整備計畫 （1.04） 洞庭湖地區農業水利開發計畫（11.27） 內蒙古自治區醫療器材整備計畫（13.64） 四川・湖北・大連救急中心醫療器材整備計畫 （18.48） 第二次少数民族地區中等學校教育器材整備計畫 （7.20） 緊急無償台風災害（0.32） 緊急無償地震災害（0.32） 天津電視局節目制作器材提供 （0.50） 草根無償(56 件)（4.39） 食糧増産援助（11.70）	103.82 億日圓 研修員受入　790 人 專門家派遣　264 人 調查團派遣　789 人 協力隊派遣　42 人 器材提供　1,619.1 百萬日圓 計畫技協　24 件 開發調查　41 件

年度	有償資金協力	無償資金協力	技術協力
1997	力發電所建設事業計畫 (350.00) 山西王曲火力發電所建設事業計畫 (300.00) 本溪環境污染對策事業計畫 (41.10) 河南省准河流域水質污染綜合對策事業計畫 (49.45) 湖南省湘江流域環境污染對策事業計畫 (56.78) 大連上水道整備事業計畫 (55.00)		
1998	2,065.83 億日圓對中國第 23 次日圓借款 (2,065.83) 柳州酸性雨及環境污染對策綜合事業計畫(II) (47.59) 本溪環境污染對策事業計畫(I) (32.37) 河南省准河流域水質污染綜合對策事業計畫(II) (72.30) 湖南省湘江流域環境污染對策事業計畫(II) (61.75) 陝西省韓城第 2 火力發電所建設事業計畫(II)	62.30 億日圓漢江上流水土保持林造成器材整備計畫 (12.47) 緊急無償洪水災害 (0.83) 緊急無償洪水災害 (0.59) 緊急無償洪水災害 (2.50) 緊急無償地震災害 (0.24) 最貧困縣醫療器材整備計畫 (3.60) 食糧增産援助 (13.20) 草根無償(71 件) (5.02) 長江堤防補強計畫	98.30 億日圓 研修員受入 804 人 專門家派遣 226 人 調查團派遣 658 人 協力隊派遣 27 人 器材提供 1,567.4 百萬日圓 計畫技協 21 件 開發調查 34 件

年度	有償資金協力	無償資金協力	技術協力
1998	(229.70) 　山西省王曲火力發電所建設事業計畫(II)　(270.82) 　黑龍江省松花江流域環境汙染對策事業計畫(II) (105.41) 　吉林省松花江遼河流域環境汙染對策事業計畫 (128.00) 　山東省煙谷市上水道‧治水施設整備事業計畫 (60.08) 　河南省盤石頭水壩建設事業計畫 (67.34) 　山西省王曲－山東萊陽送電線建設事業計畫　(176.29) 　湖南省ゲン水流域水力發電事業計畫　(176.64) 　配電網效率改善事業計畫(重慶) (137.54) 　杭州－衢州高速道路建設事業計畫 (300.00) 　万縣－梁平高速道路建設事業計畫 (200.00)	(14.57) 予防接種擴大計畫 (8.79) 河南博物院文化財分析器材　(0.50)	

年度	有償資金協力	無償資金協力	技術協力
1999	1,926,37 億日圓 環境模範都市事業計畫(貴陽)(62.66) 環境模範都市事業計畫(大連)(53.15) 環境模範都市事業計畫(重慶)(44.12 本溪環境汙染對策事業計畫(62.61) 浙江省汙水對策事業計畫(112.56) 廣西壯族自治區都市上水道整備事業計畫(36.41) 昆明市都市上水道整備事業計畫(209.03) 成都市都市上水道整備事業計畫(72.93) 重慶市都市上水道整備事業計畫(62.44) 江西省都市上水道整備事業計畫(41.47) 湖南省都市洪水對抗事業計畫(240) 湖北省都市洪水對抗事業計畫(130) 江西省都市洪水對抗事業計畫(110) 黃河三角洲農業綜合開發事業計畫(89.04)	59.10 億日圓 環境情報網絡整備計畫(9.4) 貴州省氟中毒對策醫療機材整備計畫(10.10) 青海省果洛藏族自治州家畜越冬保渡資材機材支援計畫(3.45) 全國急救人才訓練中心機材整備計畫(3.03) 第四次少數民族地區中等學校教育機材整備計畫(5.22) 食糧增產援助(12.3) 緊急無償綠化協力事業支援(10) 草根無償(78件)(5.6)	73.30 億日圓 研修員受入 1,108 人 專門家派遣 281 人 調查團派遣 619 人 協力隊派遣 30 人 機材供與 962,3 百萬日圓 計畫技協 18 件 開發調查 28 件

年度	有償資金協力	無償資金協力	技術協力
1999	海南(東線)哥速道路擴張事業計畫(52.74) 梁平-長壽高速道路建設計畫(240) 河南新鄭-鄭州高速道路建設計畫(234.91) 哈爾濱電力網擴充計畫(60.7)		
2000	2,143,99 億日圓 營口市上水道整備事業計畫(25.04) 環境模範都市事業計畫(貴陽 II)(81.69) 環境模範都市事業計畫(大連 II)(32.89) 環境模範都市事業計畫(重慶 II)(32.02) 甘肅省小水力發電所建設事業計畫(65.43) 甘肅省水資源管理、沙漠化防止事業計畫(60) 湖北省小水力發電所建設事業計畫(91.52) 黑龍江省黑河-北安道路建設事業計畫(126.08) 朔縣-黃力港鐵道建設事業計畫(IV)(115.81) 山西省黃土高原植	47.80 億日圓 黃河中流域保全林造成計畫(詳細設計)(0.48) 中等職業教育機才整備計畫(9.17) 日中農業技術研究開發中心基財整備計畫(14.44) 貧困地域結核抑制計畫(3.21) 陝西省人民醫院醫療機才整備計畫(13.86) 新疆維吾爾自治區博物館文化財保存機材(0.32) 草根無償(93件)(6.32)	81.97 億日圓 研修員受入 1,453 人 專門家派遣 261 人 調查團派遣 671 人 協力隊派遣 45 人 機材供與 1,199.95 百萬日圓 計畫技協 4 件 開發調查 5 件

年度	有償資金協力	無償資金協力	技術協力
2000	林事業計畫(42) 山東省泰安揚水發電所建設事業計畫(180) 四川省紫坪鋪水資源開發事業計畫(321.99) 重慶單軌電車建設事業計畫(271.08) 新疆維吾爾自治區水資源管理、沙漠化防止事業計畫(144) 西安咸陽機場擴張事業(30.91) 大連都市上下水道整備事業計畫(33.09) 長沙市上水道整備事業計畫(48.5) 天津市汙水對策事業計畫(71.42) 唐山市上水道整備事業計畫(28.41) 內蒙古自治區黃土高原植林事業計畫(36) 武漢都市鐵道建設事業計畫(28.94) 北京都市鐵道建設事業(141.11) 遼寧省放送施設整備事業計畫(32.10) 瀋陽環境整備事業計畫(II)(61.96)		

年度	有償資金協力	無償資金協力	技術協力
2000	陝西省黃土高原植林事業計畫(42)		
2001	1,613.66 億日圓 陝西省西安市環境整備計畫 (97.64) 遼寧省鞍山市綜合環境整備計畫 (145.25) 山西省太原市綜合環境整備計畫 (141.44) 重慶市環境整備計畫 (90.17) 北京市環境整備計畫 (89.63) 寧夏回族自治區植林植草計畫 (79.77) 山西省西龍池揚水發電所建設計畫 (232.41) 陝西省人材育成計畫 (60.21) 甘肅省人材育成計畫 (46.65) 四川省人材育成計畫 (61.31) 重慶市人材育成計畫 (46.83) 雲南省人材育成計畫 (45.40) 湖南省人材育成計畫 (46.82) 甘肅省地方道路整備計畫 (200.13) 湖南省地方道路整	63.33 億日圓 黃河中流域保全林造成計畫（1/3）(7.96) 第二次環境情報網路整備計畫 (10.51) 北京日本學研究中心擴充計畫 (8.51) 重慶母子保健醫療器材整備計畫 (11.48) 西部七省‧自治區感染症予防推進計畫 (4.06) 中等專業教育學校器材整備計畫 (13.68) 雲南民族博物館視聽覺器材提供 (0.45) 中央戲劇學院鋼琴輸送費提供 (0.004) 日本語履修校圖書提供 (0.02) 草根無償（87 件）(6.66)	331.62 億日圓 研修員受入 6,577 人 專門家派遣調 1,046 人 查團派遣 560 人 器材提供 1,396.26 百萬日圓 留學生受入 43,412 人 協力隊派遣 39 人

年度	有償資金協力	無償資金協力	技術協力
2001	備計畫 (230.00)		
2002	1,212.14 億日圓 河南省大氣環境改善計畫 (192.95) 安徽省大氣環境改善計畫 (185.58) 湖北省宜昌市水環境整備計畫 (84.60) 廣西壯族自治區南寧市水環境整備計畫 (121.15) 甘肅省植林植草計畫 (124.00) 內蒙古自治區植林植草計畫 (150.00) 內陸部人材育成計畫（地域活性化・交流、市場規則強化、環境保全）(275.04) 湖南省環境整備・生活改善計畫 (78.82)	67.87 億日圓 廣西天湖貧困區貧困救済計畫 (6.70) 第二次貧困地域結核抑制計畫 (4.02) 黃河中流域保全林造成計畫（2/3）(4.89) 長春中日友好淨水場制禦設備改善計畫 (9.99) 第二次黃河中流域保全林造成計畫（1/5）(1.79) 漢江洪水予警報器材整備計畫 (5.30) 內陸部救急醫療中心器材整備計畫 (9.95) 第二次中等專業教育學校器材整備計畫 (12.68) 人材育成獎學計畫 (3.63) 緊急無償（地震災害）(0.18) 大明宮含元殿遺跡保存環境整備計畫 (2.80) 北京日本學研究中心日本研究用器材提供 (0.48) 草根無償（70 件）(5.46)	326.88 億日圓 研修員受入 5,922 人 專門家派遣調 530 人 查團派遣 360 人 器材供與 989.16 百萬日圓 留學生受入 58,496 人 協力隊派遣 42 人

年度	有償資金協力	無償資金協力	技術協力
2003	966.92 億日圓 公眾衛生基礎施設整備計畫 (262.18) 江西省植林計畫 (75.07) 湖北省植林計畫 (75.36) 內蒙古自治區呼和浩特市水環境整備計畫 (97.47) 內陸部・人材育成計畫（地域活性化・交流、市場規則強化、環境保全）(254.82) 放送施設整備計畫 (202.02)	51.50 億日圓 黃河中流域保全林造成計畫（3/3）(3.71) 西安市廃棄物管理改善計畫 (13.23) 第三次貧困地域結核抑制計畫 (4.49) 第二次黃河中流域保全林造成計畫（2/5）(5.19) 人材育成獎學計畫 (0.93) 人材育成獎學計畫 (1.66) 緊急無償（中國內重症急性呼吸器症候群（SARS）感染擴大）(15.00) 青海大學日本語學習器材提供 (0.47) 南開大學外國語學院日本語學習器材提供 (0.10) 上海音樂學院中日音樂文化研究中心樂譜及圖書提供 (0.10) ショウ縣職業高校職業技能訓練中心建設計畫 (0.09) 草根・人間安全保障無償（76 件）(6.53)	340.86 億日圓 研修員受入 4,836 人 專門家派遣調 348 人 查團派遣 319 人 器材供與 1,032.8 百萬日圓 留學生受入 70,840 人 協力隊派遣 34 人 其他自願者 5 人

年度	有償資金協力	無償資金協力	技術協力
2004	858.75 億日圓 陝西省水環境整備計畫 (272.64) 湖南省長沙市水環境整備計畫 (199.64) 貴州省貴陽市水環境整備計畫 (121.40) 內蒙古自治區包頭市大氣環境改善計畫 (84.69) 四川省生態環境整備計畫 (65.03) 新疆維吾爾自治區伊寧市環境整備計畫 (64.62) 內蒙古自治區人材育成計畫 (50.73)	41.10 億日圓 新疆維吾爾自治區醫療水準向上計畫 (11.58) 第四次貧困地域結核抑制計畫 (4.05) 生育檢查・家庭保健研修中心器材整備計畫 (2.79) 第二次黃河中流域保全林造成計畫（3/5）(4.27) 日中友好大連人材育成中心建設計畫 (9.68) 人材育成獎學計畫（2件）(3.97) 東北師範大學日本語學習器材提供 (0.43) 草根文化無償（2件）(0.18) 草根・人間安全保障無償（55件）(4.15)	283.73 億日圓 研修員受入 4,521 人 專門家派遣 447 人 調查團派遣 354 人 器材供與 489.58 百萬日圓 留學生受入 77,105 人 協力隊派遣 28 人 其他自願者 2 人
2005	無	14.40 億日圓 第二次黃河中流域保全林造成計畫（4/5）(3.69) 人材育成獎學計畫（3件）(4.93) 社會科學院日本研究所視聽覺器材提供 (0.01) 海南師範大學日本	52.05 億日圓 研修員受入 1,307 人 專門家派遣 318 人 調查團派遣 323 人 器材供與 538.48 百萬日圓 協力隊派遣 42 人 其他自願者 3 人

年度	有償資金協力	無償資金協力	技術協力
2005		語學習器材提供 (0.08) 北京第二外國語學院日本語學習器材提供 (0.09) 日本 NGO 支援無償（1 件）(0.20) 草根・人間安全保障無償（75 件）(5.40)	
總計	31,330.56 億円	1,471.70 億円	1,557.63 億円 研修員受入 18,146 人 專門家派遣 5,694 人 調查団派遣 12,957 人 機材供與 26,757.01 百萬円 協力隊派遣 612 人 其他自願者 10 人

資料來源：作者整理自日本外務省，「**政府開發援助（ODA）國別データブック**」，

<http://www.mofa.go.jp/mofaj/gaiko/oda/shiryo/kuni.html>

國家圖書館出版品預行編目（CIP）資料

有償借款功成身退？：從日本鐵三角看對中經
濟外交 / 龔祥生著. -- 初版. -- 臺北市：
元華文創股份有限公司, 2023.04
面；公分

ISBN 978-957-711-295-8 (平裝)

1.CST: 外交政策 2.CST: 中日關係 3.CST:
政治經濟 4.CST: 日本

578.31   111021165

有償借款功成身退？——從日本鐵三角看對中經濟外交

龔祥生　著

發 行 人：賴洋助
出 版 者：元華文創股份有限公司
聯絡地址：100 臺北市中正區重慶南路二段 51 號 5 樓
公司地址：新竹縣竹北市台元一街 8 號 5 樓之 7
電　　話：(02) 2351-1607　　傳　　真：(02) 2351-1549
網　　址：www.eculture.com.tw
E - m a i l：service@eculture.com.tw
主　　編：李欣芳
責任編輯：立欣
行銷業務：林宜葶
出版年月：2023 年 04 月 初版
定　　價：新臺幣 400 元

ISBN：978-957-711-295-8 (平裝)

總經銷：聯合發行股份有限公司
地 址：231 新北市新店區寶橋路 235 巷 6 弄 6 號 4F
電 話：(02)2917-8022　　　　傳 真：(02)2915-6275